中华现代学术名著丛书

家庭教育

陈鹤琴 著

商务印书馆
创于1897 The Commercial Press

图书在版编目(CIP)数据

家庭教育/陈鹤琴著.—北京:商务印书馆,2019
(2025.6重印)
(中华现代学术名著丛书)
ISBN 978-7-100-17445-9

Ⅰ.①家… Ⅱ.①陈… Ⅲ.①家庭教育—研究 Ⅳ.
①G78

中国版本图书馆CIP数据核字(2019)第082782号

本书根据商务印书馆1926年3月再版排印

中华现代学术名著丛书
家庭教育
陈鹤琴 著

商务印书馆出版
(北京王府井大街36号 邮政编码100710)
商务印书馆发行
北京通州皇家印刷厂印刷
ISBN 978-7-100-17445-9

2019年7月第1版 开本880×1240 1/32
2025年6月北京第6次印刷 印张7⅜ 插页2

定价:32.00元

陈 鹤 琴

(1892—1982)

陈鹤琴与一鸣

（1920年代）

陈鹤琴全家合影

（1930年代）

陈鹤琴给南京鼓楼幼儿园儿童讲故事

陈鹤琴手迹

出版说明

百年前，张之洞尝劝学曰："世运之明晦，人才之盛衰，其表在政，其里在学。"是时，国势颓危，列强环伺，传统频遭质疑，西学新知亟亟而入。一时间，中西学并立，文史哲分家，经济、政治、社会等新学科勃兴，令国人乱花迷眼。然而，淆乱之中，自有元气淋漓之象。中华现代学术之转型正是完成于这一混沌时期，于切磋琢磨、交锋碰撞中不断前行，涌现了一大批学术名家与经典之作。而学术与思想之新变，亦带动了社会各领域的全面转型，为中华复兴奠定了坚实基础。

时至今日，中华现代学术已走过百余年，其间百家林立、论辩蜂起，沉浮消长瞬息万变，情势之复杂自不待言。温故而知新，述往事而思来者。"中华现代学术名著丛书"之编纂，其意正在于此，冀辨章学术，考镜源流，收纳各学科学派名家名作，以展现中华传统文化之新变，探求中华现代学术之根基。

"中华现代学术名著丛书"收录上自晚清下至20世纪80年代末中国大陆及港澳台地区、海外华人学者的原创学术名著（包括外文著作），以人文社会科学为主体兼及其他，涵盖文学、历史、哲学、政治、经济、法律和社会学等众多学科。

出版“中华现代学术名著丛书”，为本馆一大夙愿。自 1897 年始创起，本馆以“昌明教育，开启民智”为己任，有幸首刊了中华现代学术史上诸多开山之著、扛鼎之作；于中华现代学术之建立与变迁而言，既为参与者，也是见证者。作为对前人出版成绩与文化理念的承续，本馆倾力谋划，经学界通人擘画，并得国家出版基金支持，终以此丛书呈现于读者面前。唯望无论多少年，皆能傲立于书架，并希冀其能与“汉译世界学术名著丛书”共相辉映。如此宏愿，难免汲深绠短之忧，诚盼专家学者和广大读者共襄助之。

商务印书馆编辑部

2010 年 12 月

凡　　例

一、"中华现代学术名著丛书"收录晚清以迄20世纪80年代末，为中华学人所著，成就斐然、泽被学林之学术著作。入选著作以名著为主，酌量选录名篇合集。

二、入选著作内容、编次一仍其旧，唯各书卷首冠以作者照片、手迹等。卷末附作者学术年表和题解文章，诚邀专家学者撰写而成，意在介绍作者学术成就，著作成书背景、学术价值及版本流变等情况。

三、入选著作率以原刊或作者修订、校阅本为底本，参校他本，正其讹误。前人引书，时有省略更改，倘不失原意，则不以原书文字改动引文；如确需校改，则出脚注说明版本依据，以"编者注"或"校者注"形式说明。

四、作者自有其文字风格，各时代均有其语言习惯，故不按现行用法、写法及表现手法改动原文；原书专名（人名、地名、术语）及译名与今不统一者，亦不作改动。如确系作者笔误、排印舛误、数据计算与外文拼写错误等，则予径改。

五、原书为直（横）排繁体者，除个别特殊情况，均改作横排简体。其中原书无标点或仅有简单断句者，一律改为新式标点，专名号从略。

六、除特殊情况外，原书篇后注移作脚注，双行夹注改为单行夹注。文献著录则从其原貌，稍加统一。

七、原书因年代久远而字迹模糊或纸页残缺者，据所缺字数用“□”表示；字数难以确定者，则用“（下缺）”表示。

目　　录

一 个 小 朋 友

这个小孩子拿了小猫的

脚爪说:“你好吗?”

小孩子应常同猫狗作伴侣;

不过猫狗必须要清洁的,驯良的,

最好是从小豢养的。

做父母的不但应当使小孩子得着与猫狗玩弄的快乐,也应当使小孩子得着爱护猫狗的机会,以发展他同情的美德。

序

家庭教育素为我国所重。家庭教育的书籍，在我国也不乏善本。旧的如颜之推家训，近的如王䛕所译之《宁馨儿》，《儿童鉴》等书，皆陈义丰赡，行文畅达。但搜采具体的事实，运以浅鲜之文辞，可期家喻户晓的，那么陈君之书要算第一本了。

看书的法，有时要探其重要之主旨，有时要究其详细之方法，阅本书的，这两方面都要顾到的。但是假如方法上的细节，一时限于设备或环境，有未易实行的地方，那只须临时变通适用便是。最重要的还在得其精神，取法乎上，虽不能一蹴而就，能够步步逼近，便是进步的征象了。现在请将本书的略历，约述一番。

大概教育界人都知道本书作者陈君鹤琴很是喜欢研究儿童心理和幼稚教育的。陈君在清华的时候，很热心于社会公益事项，他也极能与各种的人——学校里同学校外负贩驴夫以至乞丐——相接近。他到美国留学，先往约翰霍金大学，是校以研究精神著称于世。陈君想要研究地质，因陈君向来喜欢做观察实验功夫，实有科学家的精神。但后来陈君仍旧拿这种功夫回到“人”的研究上去，如今知道他的略历，也就可明白他是适宜于做那种研究的人了。

陈君回国后一年成了婚。再一年得了子。现来已有子女一对了！他既得了子，就有可以时时研究时时实验的资料。他起初天天自己沐浴小孩，他一直将所发见的事分类的记载下来。有时把足以见到身心现状的材料摄了影。久久渐已积卷盈帙，分类的记载本，已十余本了！我和我内人去访问的时候，他时常拿给我们看。我虽也习教育，若就幼稚教育一项之实施而言，真是惭愧得很！不过向来对此也有兴味，既有良友之家可以观摩，无形中当然已得益不浅。

他一方既在东南大学教授儿童心理一科，一方又实地研究。他的兴味，自然益发浓厚。现在陈君把他数年的研究和经验实地的所得，作有系统的序述。陈君且将稿件交我，使我有先睹为快的机会。我阅过之后，但觉珠玑满幅，美不胜收，有数处神乎其技，已臻乎艺术的范域。私幸有此一卷，置诸案头。可以奉为龟鉴。陈君以斯科专家而问序于我，怍惶之余，用赘数语于简端以志一人对于是书之感想，且以告家庭之有子弟者，是为序。

甲子冬月郑宗海识于南京

自　　序

小孩子实在难养得很！有时候，你不晓得他应当穿什么衣服，吃什么食物！有时候你不晓得他为什么哭的，为什么不肯吃！有时候，你不晓得他为什么生病的，为什么变得怎样瘦弱的！有时候，你不晓得他为什么一个活泼的小孩子竟变为暮气重重的老少年！

小孩子不但是难养的，而稍明事理的人，知道也难教得很！有时候，他非常来的倔强，你不晓得骂他好呢，还是打他好；让他去强霸好呢，还是去抑制他好；有时候，他睡在床里哭喊，你不晓得去抱他起来摇摇他好呢，还是让他大哭大喊的好！有时候，他要出去玩玩，你不晓得给他去玩好呢，还是禁止他好！有时候，他要东西吃，你不晓得给他吃好呢，还是不给他好！有时候，他要唱唱歌，你不晓得怎样教他唱，怎样教他学。有时候，他要识识字，画画图，你不晓得怎样教他识字怎样教他画图。

像以上这种问题，稍具知识而要教养小孩子的父母，大概都曾觉得都曾遇着的。小孩子实在是难教难养得很。

但是我们做父母的是不是因小孩子难以教养就不去教养他吗？我们知道幼稚期（自生至七岁）是人生最重要的一个时期，什么习惯、言语、技能、思想、态度、情绪都要在此时期打了一个基础，若基础打得不稳固，那健全的人格就不容易建造了。所以我们还是要去教养我们小孩子的，著者不揣固陋，本个人之学识经验，编集是书以供负教育子女之责者之参考。

本书共分12章。先略述儿童之心理与学习之性质及原则，以为施行家庭教育之基础；次述普通教导法以作选择家庭教育原则之纲要；继述关于卫生教育，情绪教育，群育及智育各方面之原则凡90条，本书前后所有原则，共计101条，每条原则后面举事实一二以解释原则的真谛并加以讨论，以使阅者对于该条原则的意义能够格外了然。书中所举例子，一部分是由张君洪城供给的，一部分是设想的，一部分是由别的书中摘取的，一部分是由我实地经验得来的。

现在我要把我应当特别感谢的几位在此声明一下。我首先要感谢的就是我所参考各种书籍的著者，他们的意思我直接或间接采取的地方很多。然我最所感谢的就是我友郑君晓沧（宗海）。约五年前他介绍给我两本书看：一本是 Bruce and Wiener 两氏所著之 *The Education of Karl Witte*（《佛戴之教育》）及 Winifred S. Stoner 氏所著之 *The Natural Education*（《自然教育》）。我读了这两本书之后，对于家庭教育之兴趣，就格外来得浓厚了。所以对于这两书的著者我固然十分感激，对于郑君也十分的感谢，不但在书籍方面时得郑君的指导，就在家庭教育实施方面，也常蒙切实指教的。此书脱稿后，曾承郑君详细阅过一遍并蒙赐斧政，我因此又感激不已。

此书原拟与郑君合编的，后因郑君忙于课务无暇顾及，而我遂独草成此；若能实行原定计划，那此书当不致如今之拙劣可想而知。

对于我的妻子雅琴，我也非常的感谢；若没有他的耐心协助，那我虽有试行家庭教育的热诚，恐也不能见诸事实。对于我的小儿一鸣，小女秀雅，我也是十分感谢的，他们不但给我一种试验的机会，并且增进我许多学识，赐给我许多快乐。张君洪城曾供给我许多实例，我也在此一并鸣谢。

十四年正月陈鹤琴序于南京

再　　序

此书问世以来，不过五阅月；到今日又要再版了。这可见得国人对于家庭教育关心很切，我因乘此再版的时候，补充几句话以解释阅者对于本书容易发生怀疑的地方。

第一，这本书大概是根据我个人之经验与学识说的，所以有许多关于家庭教育的重要问题，因为我没有经验或学识，并没有谈到；阅者请不要误会，把这本书当作一种包罗万象的家庭教育大全。

第二，对一鸣、秀雅说话，总是用英文的。我的意思是要他们从小听惯说惯，免得大来难学。可惜我不能说别国的言语，若是我能够说，我一定要教他们的。至于中国的言语我可不必担忧，他们所听的除了听我说英文之外，都是中国的方言，所以我不教他也不要紧的。然竟有人以为一鸣所听见的只是我的英语，一鸣所说的也只是英语，并以为一鸣就要变成一个外国人，且以为我太看轻国语而重视英文了。这种测度未免有些过分。

第三，书中所举的实例关于一鸣的多，而关于秀雅的少。这不是我有“重男轻女”之见，乃是因为编著那本书的时候，秀雅尚小，乏例可举。

以上三点因容易引起阅者怀疑，故特在此说明。

十四年十二月陈鹤琴再序

第一章　儿童的心理

普通的小孩子生来虽有种种不同之点,然大抵是相仿佛的。饿则哭,喜则笑;见好吃看好看的东西就伸手拿来,见好玩好弄的东西就伸手去玩。

然何以到后来有的会怕狗怕猫,有的敢骑牛骑马;有的身体强健,有的身体孱弱;有的意志坚决,有的意志柔弱;有的知识丰富,有的知识缺乏;有的专顾自己,有的体恤别人;有的多愁病,有的多喜乐;有的成为优秀国民,有的变为社会败类?推其原因,不外先天禀赋之优劣与后天环境及教育之好坏二者而已。

若从小受了良好的家庭教育,虽生来怕狗猫到大来也敢骑牛马的;虽生来不甚强壮到大来也会健康的。若家庭教育不好,小孩子本来不怕动物,大来会怕的;本来身体强健的,大来会瘦弱的。

至于知识之丰富与否,思想之发展与否,良好习惯之养成与否,家庭教育实应负完全的责任。

然家庭教育必须根据儿童的心理始能行之得当。若不明儿童的心理而妄施以教育,那教育必定没有成效可言的。所以我略略地把儿童心理述之如下,以资施行家庭教育者之参考。

一、小孩子好游戏的

小孩子可以说是生来好动的。二三个月大的婴儿就能在床上不停的敲手踢脚,独自玩弄。到了五六个月的时候,看见东西就要来抓,抓住了就要放进嘴里去。到了再大一点,他就要这里推推,那里拉拉,不停的运动了。一等到会爬会走,那他的动作更加复杂了。忽而立,忽而坐;忽而这样,忽而那样;忽而爬到那里,忽而走到这里。假使我们成人像他动了两个钟头,那一定疲乏不堪了。到了三四岁的时候,他的游戏动作比前还要繁多而他的游戏方法也与从前不同了。从前他只能把椅子推来推去,现在他要把椅子抬来抬去,当花轿了;从前他只能把棒头敲敲作声以取乐,现在他要背着棒当枪放了。到了八九岁的时候,他的身体比从前更加强健得多了,精神也非常充足了,智识也渐渐丰富了,因此他的游戏动作也就与前不同了。此时他喜欢玩各种竞争游戏了;什么放风筝、踢毽子;什么斗蟋蟀、拍皮球;什么打棒头、捉迷藏他都能够玩了。

总起来说小孩子,生来好动的,以游戏为生命的。要知多运动,多强健;多游戏,多快乐;多经验,多学识,多思想。所以做父母的不得不注意小孩子的动作和游戏。第一做父母的应有良好的设备使小孩子得着充分的运动;第二做父母的应有适宜的伴侣使小孩子得着优美的影响。有此二者,小孩子的身体就容易强健,心境就常常快乐,知识就容易增进,思想就容易启发。

二、小孩子好模仿的

小孩子未到一岁大的时候，就能模仿简单的声音和动作了。他一听见鸡啼羊叫，也要啼啼看叫叫看；一看见别人洗面刷牙，也要洗洗看刷刷看。到了两岁光景的时候，他能模仿复杂的动作了。倘若他看见他母亲扫地洗衣，他也扫扫洗洗看；倘若他看见他父亲吐痰吃烟，他也要吐吐吃吃看。

到了三四岁的时候，他的模仿能力发展得更大了。什么娶亲，什么出殡，什么拜忏，什么祭祖，他都要模仿了。

总而言之，小孩子好模仿的，家中人之举动言语他大概要模仿的。若家中人之举动文雅，他的举动大概也会文雅的；若家中人之言语粗陋，他的言语大概也是粗陋的。所以做父母的不得不事事谨慎，务使己身堪有作则之价值。

三、小孩子好奇的

小孩子生来好动的，生来好模仿的，也是生来好奇的。五六个月大的婴儿一听见声音就要转头去寻，一看见东西就要伸手来拿。到了四五岁，他的好奇动作格外多了。看见路上的汽车马车来了，他总要停住脚看看看；听见外面的锣声鼓声响了，他总要跑出去看看。有一个四岁的小孩子，一日同他的母亲去探望他的小朋友，看见他小朋友的家里有许多蜜蜂，他拿了一根棒头把蜂巢敲敲看，不料一敲蜜蜂出来刺他了。

又有一个五岁的小孩子，天天把园里所种的红萝卜掘起来，看他怎样生长的。又有一个小孩子把一只钟拆得粉粉碎要看看这个钟究竟为什么会敲的。小孩子不但有这样的动作也发种种问句。他常要问你："这是什么东西，那是什么东西；这个东西从那里来的，那个东西怎样做的；这个东西为什么是这样的。"他看见不懂的东西，就要来问你。这些问句也是一种好奇的表现。

现在我们要问这种好奇的动作究竟有什么用处呢？柏拉图说："好奇者，知识之门。"这句话是很对的。若小孩子不好奇，那就不去与事物相接触了；不与事物相接触，那他不能明了事物的性质和状况了。倘使他看见了冰，不好奇，不去玩弄，那他恐不会知道冰是冷的。倘使他听见了外面路上的汽车，不跑出去看看，那他恐不会晓得汽车是什么东西。所以好奇动作是小孩子得着知识一个最紧要的门径。

四、小孩子喜欢成功的

小孩子固然喜欢动作，但更是喜欢动作有成就的。比如一个二岁光景的小孩子在沙箱里玩沙。他尽管把沙一把一把地捞进罐头里去，捞满了把沙倒出来；又再一把一把地捞进去，捞满了又倒出来；这种动作从表面一看没有什么成就；仔细考察起来，一把一把的捞进罐里去固是一种动作，但罐头装满了，就是动作的成功。小孩子虽喜欢捞沙的动作，也喜欢捞沙成功呢。

一鸣有一天将大小木块，搬到天井里去，用了许多力气，费了许多时间,方才搭成小小一座房子的样子。他搭好之后,很高兴的跑过来对我说:“爸爸你来看我搭的一座房子。”我见了这座似是而非的房子,也非常欢喜,就极力的称赞他,而且叫他再去造。他玩了木块以后,又跑到书房里去,用粉笔在黑板上画了一只动物。他画了以后,又对我说:“象,这是尾巴、头、耳朵、眼睛、嘴巴、鼻头”。我回头一看,果然不错,就连说“好好”。从以上两个例子看来,小孩子很喜欢做事情的,而且很喜欢其成功的,因为事情成功,一方面固然自己很有趣的,但是还有一方面可以得父母或教师的赞许。这种心理是很好的,我们做父母的或教师的应当利用这种心理去鼓励他去做各种事情。

不过叫小孩子做的事情不要太难;若太难,就不能有所成就;若没有成就,小孩子或者要灰心而下次不肯再做了。反而言之,若所做的不甚难,小孩子能够胜任而有成就的;一有成就,就很高兴就有自信力;所成就者愈多,自信力也愈大;自信力愈大,事情就愈容易成功。自信力与成功因此互相为用的了。

做父母的对于这一点也应特别注意的。

五、小孩子喜欢野外生活的

大多数小孩子都喜欢野外生活的。到门外去就欢喜,终日在家里就不十分高兴,有许多小孩子在家里哭的原因虽则不一,但是不能得到外边去看看玩玩,也是一种大原因。做父母的不揣摩他的原因,只一味的去说他去骂他,那真正冤枉极了。一鸣有一天,坐在摇篮哭个不了,他母亲给东西他吃,他不要吃,给东西他玩,他也不要玩。后来我就抱他到门外去玩玩,他一到门外就不哭了。他仰起来看看天的颜色,低下头去看看草木的样子,看看飞禽走兽的形状,歇了一歇,他就笑颜逐开了。又有一天,天已晚了,街上已经没有人了,他还不肯回家。不但一鸣是如此喜欢到外边去的,普通儿童大概都是如此的。在我家里办了一个幼稚园。凡天气晴和的时候,我们就带幼稚生到外边去游玩。他们在旷野里跑来跑去,看见野花就采采,看见池塘就抛石子入水以取乐。这种郊游于小孩的身体,知识,行为都有很好影响的。

不过小孩子的野外生活须以小孩子的年龄为断。如年龄较小的儿童,你们叫他采采花呀,种种树呀,举行短距离的远足会呀。年龄较大的儿童,我们叫他们采集标本,举行旅行等等游戏以增长他们的智识,以强健他们的身体,以愉快他们的精神,使他们无形中得着许多好处。但是我们中国有许多做父母的总不放心他们的小孩子到外面去,一则恐怕身体疲乏,二则恐怕衣服弄脏,三则恐怕感冒风寒,所以一天到晚,将他们关在屋里,好像囚犯一样。所以这种儿童长大起来,往往身体孱弱智识缺乏,当年做父母的爱护子女,到了今天适足见其贻害子女了。做教师的不愿多事且以带领学生到路外游玩为麻烦,所以学生就失去与天然界相接触的一种良好机会。要知学问,不仅仅在书本中求的,也应在天然界得的,什么“动物学”,什么“植物学”,什么“地理”,什么“常识”,大概可以从天然界中学得的。我们在书本中看死的标本,死的山水,应当到野去看活的动物,采活的草木,玩真的沙石。

总说一句,小孩子不论年纪大的小的,不论男的女的,大概喜欢野外生活的,我们做父母或做教师的,虽不能十分注意到此,多少总须领小孩子到野外去玩玩才好。

六、小孩子乐群的

凡人都喜欢群居的，幼小婴儿，离群独居，就要哭喊。两岁时就要与同伴游玩，到了五六岁，这个乐群心发得更加强了。假设此时没有伴侣游玩，他一定要觉得孤苦不堪了。有时候还要发生想象的伴侣。他同这个想象的伴侣一同游玩，一同起居，一同饮食，那就不致孤苦。但是他的伴侣到底是想象的，他一定要觉得寂寞不堪的。到了十余岁，儿童就欢喜结队成群的游玩了。倘使儿童在这个时候，在家中得不到伴侣，他一定要往外求了。我现在举个例以证乐群心的发轫与重要。

（1）我的小孩子一鸣在47天的时候就发生乐群的心理了。在这一天，我抚抚他的下颔，他就对我说："a—ke"。这"a—ke"究作何解，我虽不得而知，但是我们推想他的意思，总是一种快乐的表示，也是一种对于我抚他下颔的反应，也是一种承认他人存在的符号。

（2）到了三个月的时候，一鸣喜欢别人同他玩讲。若你接近他，他就笑逐颜开牙牙学语了。

（3）邻人的小孩子，到了五六个月的时候，一定要别人站在他的旁边，倘使别人离开他，他就哭；一看见有人来就不哭了。

（4）我的友人有一个五岁的女儿，因为孤独的原故，就常常有一个想象的伴侣同他游玩。后来进了幼稚园之后，这个想象的伴侣就慢慢的消没了。

小孩子好群的已如上述。做父母的正可以利用这种好群的心

花固可爱

小孩子尤其可爱

教小孩子要从小教起的。

优良的天赋，

美备的环境，

健全的教育，

是小孩子一生幸福的根源

今日之孩子

即他日之国民

理以教育小孩子。第一，我们要使他得着良好的小朋友；第二，我们应给他驯良的动物如猫、狗、兔子等作他的伴侣；第三，我们再给他小娃娃之类以聊解他的寂寞。

七、小孩子喜欢称赞的

二三岁的小孩子就喜欢"听好话"的，喜欢旁人称赞他的，比如今天他穿一件新衣服，就要给他父亲看；着了一双新鞋子，就要给他同伴看。到了四五岁的时候，这种喜欢嘉许的心理还要来得浓厚。假使他不愿意洗牙齿，你可指着一个牙齿洁白而肯洗牙齿的小孩子说："他的牙齿多好看，多清洁，你若天天洗牙齿，你的牙齿也会像他这样整齐好看呢！"小孩子听了你的话，恐怕就要去刷了。若刷了之后，你可就称赞他说："呀！你的牙齿是白一点了，好看得多了。"他听了必然觉得非常的高兴，下次洗脸时就喜欢刷牙了。

一鸣画图，若画得好，我就称赞他几句，鼓励他几句并且替他在图画上写"很好"的字样；他就显出很快乐的样子；所以以后他常常喜欢画图画的，画了之后，常把图画纸拿了来给我看，并且叫我在纸上写"很好"二个字。

这种赞许心，我们做父母的教育小孩子时应当利用的，然而不可用得太滥，一滥就失掉他的效用，反不若不用为妙。

总结：总起来说，小孩子（1）好游嬉的，（2）好奇的，（3）好群的，（4）好模仿的，（5）喜欢野外生活的，（6）喜欢成功的和（7）喜欢别人赞许他的。这几点儿童的心理，不过是荦荦大者而已；至于不甚紧要的,略而不述了。即从上面所说的几点看来,我们教小孩子必须先要了解小孩子的心理。若能依据小孩子的心理而施行教育,那教育必有良好效果的。

第二章　学习之性质与原则

初生的小孩子比各种初生的动物都来得柔弱。下等动物一出卵差不多就能自由行动。我们先看小鱼，他出卵之后就能追随大鱼游泳；我们再看小鸡，他脱壳之后，不到一日就能行走自如。鱼鸡固无论矣，即初生的哺乳动物如羊狗等类比婴儿也强健得多了。小羊生后第一天就能行走，第二天就能跳跃。小狗比小羊稍微软弱一些，然生后也能爬行，不到十日也能行走。

我们现在要问初生的小儿是怎么样的呢？说起来，也很可笑。他的眼睛是像瞎的；他的耳朵是像聋的；他的嘴巴是像哑的；他的脑筋是像呆的。除了几种简单感觉（如痛、触、冷热、饥饿等等）和几种简单动作（如手足上下左右伸缩，头向左右转动，吸乳，打喷嚏，打呵欠，等等）之外，差不多别无所能。

然而渐渐地眼明了，耳聪了，口能发音了，脑筋中有观念了。到了三四个月，他的头颈健了，他的身子要直竖了；到了四五个月，他一看见东西就能伸手向前来拿了；到了六七个月他能坐了；到了八九个月他能爬行了；到了一岁光景，他能叫爸爸妈妈了，恐怕也要开始学走了；到了二三岁就能跑跳自如了；到了四五岁，普通的方言就能说了，而那时所有的知识与技能远胜猫狗万万了。例若他晓得米可以煮饭的，钱可以买东西的。例若他能图画，剪纸，也能执刀捻筷，较之初生时诚不可以道里计了。

我们现在要问这样柔弱的婴儿如何能达到这样有知识有技能的小孩子呢?

笼统说来,由于先天的遗传属一半,由于后天的学习也占一半。小孩子的天赋虽好,必藉后天的教育方能得着发展;反而言之,后天的教育任凭怎样优良,若无先天的遗传为之基础,也无所施其技的;所以天赋与教育都是很重要的。

我们现在急要知道的就是小孩子怎样学的,有什么原则可以总括他的学习呢?

一、学习的性质

小孩子究竟怎样学习的?他如何从无知无识到有知有识呢?明了这种学习的性质,我们就知道我们应当怎样教小孩子的。现在我把学习的意思写出来以资讨论。

小孩子生来有三种基本能力:就是(1)感觉,(2)联念,(3)动作。

这三种能力在初生时虽很薄弱,但到后来渐渐儿能发展起来的,而且这三种能力愈练习愈强大的。我们先说:

1. 感觉

初生的小孩子生来有几种感觉。他的眼睛虽瞎,但能感觉光线的。他的嘴巴虽哑,但能感觉食物的。他的耳朵虽聋,但三四天后就能听声的。他的皮肤上的感觉虽不敏捷,然痛、触、冷、热都稍微觉得的。他的筋肉肌肉觉得运动的。以上几种感觉,不到几个月功夫就发展很敏捷了。普通的声音他能听得出了;普通的颜色和东西他能看见了;普通的滋味他能尝得出了;普通的气味他能闻得出了;普通痛的、触的、冷的、热的东西,他都能感觉到了。总说一句,普通的感觉不到几个月功夫,都发展得敏捷了。

2. 联念

不过单有感觉而没有联念的能力,也是学不了什么东西的。比方,他现在看见了他母亲这个人,看了之后就忘记了。下次他再看见他母亲的时候,他只看见他母亲这个人而不记得这个人就是方才看见过的那个人。这样,这个小孩子断不会认识他母亲的。又比方此刻他听见他母亲叫唤他,听过之后也就忘记了;那下次他母亲叫唤他的时候,他只听见有人叫唤他而不知道这个叫唤的人就是上次叫唤他的那个人。这样,这个小孩子永不会听得出他母亲的声音的。初生的小儿有了听觉视觉之后,还不能十分记得所听见的东西和所看见的声音,所以他不能认识人物,也不能辨别声音。

但是到了年纪大一点的时候,他的记忆力稍微强一些了,他就能记得各种感觉了,认识人物了,辨别声音了。

但只能记忆感觉,而不能把所记忆之感觉联念合起来也是没有多大用处的。比方,他母亲叫唤他的时候他没有联念的能力,那他只能认识叫唤的声音而不知道这个声音就是他母亲叫唤的声音。反而言之,若他只看见他母亲这个人而不听见他母亲的声音,他只认识这个母亲而不知道这个母亲就是叫唤他的那个人。若有了联念的能力，他一听见他母亲的声音就知道他母亲在旁了。

然而这个联念究竟是什么东西，我们看不出来的，我们只晓得联念的作用而不晓得联念的体质。不过从联念的作用，我们推想联念的体质。假定有二个小孩子同时都被蜜蜂刺了一下；息了一息同时都再看见几个蜜蜂。一个小孩子这次看见蜜蜂时就缩手不敢去拿了。一个小孩子还是要去拿。我们说第一个小孩子再看见蜂的时候，就想到被刺的情形和痛苦；第二个小孩子就没有联念了。我们也可以说第一个小孩子学得蜜蜂要刺人的，第一个小孩子没有学会；我们又可以说第一个小孩子比第二个小孩子聪明一些。

这样说来，联念能力在学习途径上是非常重要的东西。

3. 动作

但小孩子若只能感觉外界的刺激，只能联念感觉而没有反应动作，也是不够的。他一看见了他母亲的人和一听见了他母亲的声音的时候，他应有相当的反应以达到他所需要的目的。否则，是无补于事的。让我再举几个浅近的例子来证明反应动作之必要。设有一个小孩子，他看见了地上的白雪而不能用手去玩弄，那他永不会知道白雪之性质。又假使他看见一辆车子往后拉来而不能退避，那他就要立被撞倒。前者是与事物相接触的经验为人生不可缺少的动作；后者是由经验而来的适当反应、也是人生不可缺少的动作。但前者是后者之母，没有与事物相接触的经验，临事那有适当的反应。所以小孩子应有与事物相接触的机会。相接触的机会愈多则事物之性质愈容易明了而适应事物之动作也愈容易发生。

总说起来,学习就是先感觉外界的刺激,后把所感觉的事物与所有的感觉联合起来,再发生相当的动作去反应外界的刺激。

刺激与反应是看得出来的,联念是看不出来的。我们一方面须支配小孩子所接触的刺激,一方面须指导小孩子所发出的反应,一方面还须巩固小孩子所有的联念。这三方面都是教育上的重要问题。

二、学习的原则

现在我们把刺激、反应和联念的原则写在下面以资参考。

1. 刺激的原则

(1)适宜的刺激

小孩子所有的联念与反应可以说是受刺激支配的。刺激来得优良,联念与反应大概也是优良的,刺激来得卑鄙,联念与反应大概也是卑鄙的。小孩子初生时是无知无识的,他所看的,所听的和所接触的都要印刻在他的脑海中间,而他的反应动作也是以这种印象为张本的。倘若他所听见的言语都是文雅,而不粗俗的,那他将来说的话也一定是文雅不粗俗的;倘若他所看见的东西都是齐整清洁的,那他定能爱护清洁整齐的东西。所以做父母的一方面必须事事以身作则,一方面必须选择优良的环境使小孩子得到优良的刺激和印象。

（2）实地施教

小孩子的脑筋很简单，我们起先不应用抽象的事体去教他的。比方我们要教他“顾恤他人”这一个美德，我们不应单单对他说：“做人不要专为自己，应当体贴别人，顾恤别人，假使别人生病的时候，你应当轻轻地出入，不要乱吵使得病人烦恼不安。”这种抽象的教法小孩子是不会懂的。我们应该当家中有人生病的时候，实地施教的。那时候，我们做父母的一方面自己要示范给他看，一方面要他实行体恤病人的意思。比方，他的小妹妹生病了，做父母的自己先讲话必低，走路必轻，然后教他也要低声轻步。这样一来，他就了解体恤的意思了。

不但对于道德之培养我们应当实地施教的，就是对于知识之灌输，我们也要从具体而后抽象的。

有一天，我问一个六岁的小孩子说：“你曾看见过松鼠吗？”他说：“看见过的。”我再问他说：“有多少大呢？”他举起两手的食指来在空中摆着两指相距约两寸许的样子回答说：“这样大。”我说：“你在什么地方看见的？”他说：“在书上。”我说：“你把那本油印的读本拿来给我看。”他拿我一看，图中那个松鼠画得“非驴非马”，不像一个松鼠。

你看这个小孩子完全得了一种谬误的观念。他看了这种书上“非驴非马”的死松鼠，就得了这种谬误的印象。要知图是代表事物的，不能当作事物的。即以图画来教小孩子，所画的图必须画得正确。但画得正确的图画万万不及真的活的东西来得好。我们虽然不能事事以真的活的东西来教小孩子，但他小的时候，经验未丰富，想象力薄弱的时候，我们应当先给他看真的和活的东西才好。

2. 联念的原则

关于刺激的两条主要教育原则：a. 刺激必须优良与；b. 刺激必须正确，我们在上已经约略地说过了。现在我们要问怎样能够使得优良正确的刺激深刻在小孩子的脑经呢？请举几条主要的原则如下：

（1）凡能使小孩子快乐的刺激容易印刻在小孩子的脑筋里。

小孩子是喜欢游戏的，我们就可以利用他的游戏心理去教育他。比方我们要教他红黄蓝绿等几种颜色。我们不要呆板板的对他说："这是红的，那是绿的。"这样，他未必肯听，也未必能记得牢。若是我们叫他穿颜色的珠子，或是叫他画图画，那他无形中能把各种颜色学会。比方他穿珠子的时候，我们在旁称赞说："这颗绿的珠子多少好看，那颗红的珠子多少光滑。"又比方他画图的时候，我们也可无意中说这个颜色那个颜色，给他听。这样，那几种颜色他就容易学会了。所以我们必须使小孩子所学的东西发生乐感才好。

（2）凡刺激发现的时间愈长次数愈多，那联念也愈坚固。

比方我们教小孩子唱歌。我们先把歌唱给他听。把调弹给他听。唱弹之后，又叫他唱。他唱得不对，又教他这样唱那样唱。今天唱得不够，明天再唱；明天唱得不够，后天再唱，务使他能唱为止。这种练习原则说起来就明了，但做起来就不容易。做父母的对于这一点也应特别注意的。

3. 动作的原则

(1)小孩子开始学习的时候,做父母的要格外留心以免错误

无论什么事,第一次做得好,第二次就容易做得好;第一次做错,第二次就容易做错。比方小孩子开始用蜡笔画图画的时候,他歪了头,错捻了笔,随便乱画,那以后设没有相当的矫正就要歪了头,错捻了笔画了。若当初他学的时候,你先挺了胸直了头,画给他看,看后,也叫他挺胸直头地画;下次他画的时候,他未必一定挺胸直头的,也许驼背歪头的,但是挺胸直头的趋势比较驼背歪头的趋向来得强大。所以对于第一次的动作,做父母的要格外留意护导以免错误。

(2)不要有例外

养成好习惯难,养成坏习惯易,做父母或做教师的要使小孩子养成良好的习惯,在好习惯未成的时候,不准小孩子有例外的动作。比方我们要小孩子养成每天早晨大便的习惯。(若早晨起来即大便,那身体就可在一天内觉得很畅适,做事也不致有妨碍。所以我以为在早晨大便比在别的时候都好。)我们第一天就叫他坐在便桶上去解解看,坐了一歇,他不肯做了。我们用种种方法使他坐着后来歇了一歇,他果然解了。明天早晨又叫他这样做。到了第四五天,这个好习惯几乎要养成功了。不料第六天早晨他正要去大便的时候,忽然听见外边喧哗的声音;他要去看看,他母亲始则阻挠他不准他出去,后来因为他哭了就让他到外边去了。他一到外边看见许多人正在那里打架。看了回家已经八点多钟了;赶快吃了一口早饭,就跑到学校里读书去了。到了下午三点多钟正在

上课的时候，他忽然要大便了；第二天早晨坐在便桶上坐了半晌仍旧解不出，但到了下午二点多钟时候又要解了。后来他母亲差不多费了“二虎九牛”之力才使他养成早起大便的好习惯。倘若那天早晨这位母亲不准他出去看打架，那他大便的习惯早已养成了。所以在养成习惯时，不宜有例外的举动。不但在习惯未养成之时，不应有例外，就是在习惯已养成之后，也不应发生与习惯相冲突的事情。请举例以明之：我的小女儿现在已经有一岁零三个月了，他晚间睡后素来不再醒来吃奶的。这种好习惯是从小在医院里养成的，他的母亲就因此省了无数精力，他也能够安安稳稳的睡眠，这样相处已非一日。不料到一岁零二个月大的时候，他忽生起寒热病来了，饮食起居遂为之颠倒，有一晚醒来要吃，他母亲以为他睡前没有吃饱，就喂他了；岂知一载来晚间睡后不吃奶的好习惯，竟因此而大受打击。那天晚上喂后，他就再入睡乡，但第二天晚上醒来又要吃了；不给他吃，他就大哭。他母亲固然不得安眠，别人也被他哭得难以熟睡了。第三夜又要吃；如是者五六夜。你看好好儿的一个好孩子竟因此而吃了几夜苦，而别人也无辜的受了几夜罪。这些不是当初心肠太软而喂他吃奶的缘故吗？所以习惯已养成之后，我们也不应当有例外的动作，以破坏他已成之习惯。

（3）小孩子学习事物须自己学习的

小孩子生来好动的。因为好动的缘故，他就能与事物相接触；与事物相接触，那他就知道事物的性质，他的动作能力因此得着发展。若我们替他代做，他总是学不会的。比方，在陆地上，我们教他游泳，我们教他这样做，那样做，费了许多心力；但他学了许多游泳方法之后，一到水里去还是要沉下去的。所以我们要叫他自己游泳而且要他在水里游泳的。

玩水知水

不玩水那能

知水的性质

所以我们应当给他适

宜的玩水机会以丰富

他的经验；然而我们必

须从旁看护以免不测。

小孩子喜欢

野外生活的

这种原则说说很容易,做起来却困难极了。小孩子自己要做做,你就替他代做;或者小孩子要动动,你没有机会给他动。比方他现在要学走了,你一看见他跌了一跤,就赶快抱他起来。又比方他看见别人玩皮球也要玩,但你不买一个皮球给他玩。诸如此类,不胜枚举。总之,学一定要自己学的,做父母的一方面不要替他学,一方面给他学的机会就是了。

总结:

1. 小孩子生来有三种基本能力:

(1)感觉　(2)联念　(3)动作

2. 学习是反应与刺激的联合。

3. 刺激必须要选择得适当。

4. 要实地施教。

5. 凡能使小孩子快乐的刺激容易印刻在小孩子的脑筋里。

6. 凡刺激发现的时间愈长,次数愈多,那联念也愈坚固。

7. 小孩子开始学习的时候,做父母的要格外留心以免错误。

8. 不要有例外。

9. 小孩子学习事物须要自己学习的。

第三章　普通教导法

原则一：对于教育小孩子，做父母的最好用积极的暗示，不要用消极的命令

举例：十二年五月十日，我看见一鸣拿了一块破烂的棉絮裹着身体当毡氈玩。那时候，在我脑筋里就起了许多感想；我还是立刻把他的破棉絮夺去呢，还是让他玩弄得着一种经验；还是叫他把棉絮丢掉，还是用别的东西去替代。仔细一想，用积极的暗示去指导他好。我就对他说："这是很脏的有气味的，我想你一定不要的，你要一块干净的你跑到房里去问妈妈拿一块干净的。"他听了，就跑到房里去换了一块清洁的毯子。

讨论：无论什么人，受激励而改过，是很容易的，受责骂而改过，比较的是不大容易的，而小孩子尤其喜欢听好话，而不喜欢听恶言，我知道小孩子大概有这种心理的，所以以激励教育法去教训一鸣，一鸣一听见我奖励他，就很高兴的去改他自己的过失了。倘使我一看见他玩那块破烂棉絮的时候，就把那块棉絮夺来替他换了一块新的；那恐他对于我的动作要莫名其妙，而且又要发生怨恨；他不但要拒绝我的意思而且还要哭泣。即使我不去夺他的棉絮而对他说"这东西是脏的，有气味的，赶快去丢掉！"这种话，那他

虽知道这种东西是脏的,不应当玩的,但是他因为没有好的东西来代替,恐怕他仍旧不肯舍弃的。还有一种教育方法,就是一方面说这东西是脏的,是不好的,一方面叫他去拿一块好的,那末他就变成被动了,他自己要觉得不好意思的。我知道以上的第一种方法是绝对不能用的,第二第三两个方法,也是不大好的。所以就用言语来激励他,使得他居于自动的地位,而且使得他很高兴的去做。多数做父母的一看见小孩子玩肮脏的东西,就不期然而然的去把他夺了来,而且还要骂他,甚至于还要打他。其结果,小孩子改过的少而怨恨父母的多;即不怨恨父母,至少也要有一点不喜欢父母了!还有许多小孩子因为他们父母常常去责骂他,慢慢儿就不以父母之言为意;做父母的一面去夺他肮脏的东西,做小孩子的一面依旧去拿来;做父母的一面骂他,而他依旧玩弄脏的东西。这种事实,在社会上我们是常常见到的,我也可以不必举例了。做父母的以这样去教训小孩子,使得小孩子非但不能改过而且慢慢儿养成顽皮的恶习惯了。

原则二:积极的鼓励比消极的刺激好得多

举例:(1)志贞的母亲很钟爱志贞的。但事事他要志贞做得好。稍微做错了一点,或做得不妥,他就要从严指摘说:“这里做得不好,那里做得错了,某人同你一样大,但是比你做得好,你想倒霉不倒霉。”他的意思是以为这种教训必能启发志贞的天资,激起志贞做事的兴趣。那里知道志贞不但没有依从母命而改进,反而发生意懒心灰不肯勤学的态度。他母亲见他如此不肯学习,就愈加用种种消极的方法去激刺他，而他也愈加不肯学习了。

（2）冰心的母亲也很钟爱冰心的，但他很懂得冰心的心理，而所用的教法与志贞的母亲所用的适成一个反比例。

凡冰心做事稍微做得好一点，他母亲就称赞他说："冰心，你强啦，这里做得这样好看，那里做得这样整齐。"冰心听了就觉得很高兴，下次做的时候，就格外愿意做愿意学了。一日，冰心（那时他有四岁多一点）看见地上有肮脏的东西，就去拿了扫帚畚斗把肮脏物扫去；他虽然没有像成人扫得干净，但他母亲看见了他扫地，就极端地称赞他。他以后就常常要去打扫污秽东西而且不久就能打扫得清洁了。这不过是一个例子罢了。总之，不论冰心做事或读书，他母亲总是用积极的方法去鼓励他的。而他因此就格外喜欢做事格外喜欢学习了。

讨论：我们小时在私塾里读书的时候，老师天天把我们所写的字写得好的用红银硃打一个圈；写得不好的打一个叉。我们今天若是得了许多"红鸭蛋"，心里就很高兴，下次习字的时候，还要更加用心。我们若是今天"吃了几根柑子"，心里就觉得不快乐，回家去也不愿意给父母看；第二天习字的时候，我们或者有点不大起劲，或者鼓着勇气再尝试一下，看这次写得何如。若是这次又"吃了许多柑子"，那第三天习字的时候，就不高兴习了，所写的字也就写得不好了。

从这一点看来，小孩子喜欢奖励的，不喜欢抑阻的。愈奖励他，他愈喜欢学习；愈抑阻他，他愈不喜欢学习。愈喜欢学习，经验愈丰富，学习的能力发展得愈大；学习的能力发展愈大，所学习的事就愈容易学会。学会的事体愈多，做事的自信心就愈强。若小孩子愈不喜欢学习，就愈不去学习；若愈不去学习，做事的能力就愈加薄弱。

总起来说:积极的鼓励比消极的刺激来得好,但是鼓励法也不可用得太滥,一滥恐失其效用;激刺法若用得其当,也是很好的,不过只可偶一为之而已。我们做父母的要晓得小孩子是小孩子,他的经验不像成人的丰富,他的做事能力不像成人的强大,他的知识不像成人的充分;所以我们不要以成人的标准去批评小孩子的工作才好。志贞的母亲不明了这种心理,专门用消极的方法去激刺志贞,而志贞反不肯学习了。冰心的母亲懂得这种心理,善用鼓励的方法去教导冰心,而冰心也就很高兴学习了。这样说来,我们应当多用些积极的鼓励少用些消极的刺激。

原则三:小孩子既好模仿,做父母的一方面要以身作则,一方面还要替他选择环境以支配他的模仿

举例:(1)一鸣到了第 10 个月的时候,一听见人唱歌,也就作唱歌的声调。

(2)到了第 54 个星期的时候,看见他堂兄读书,他也要读书,看见他堂兄写字,他一定也要写字;你不给他读不给他写,他就要哭。

(3)他到了第 75 个星期的时候,看见我拿了一根棒头,跨着作骑马的样子给他看。过了几天,他拿了一根棒头在路上玩;玩了一息,就把棒头放在地上,两脚跨着当马骑。

(4)模仿吐痰:有一日,我不当心,从露台上吐下了一口痰;他(那时有 77 星期大了)看见了,也就作吐痰的样子。

讨论:小孩子好模仿的。虽然他模仿的结果与所模仿的动作不尽相同,但有几分是相仿佛的。如一鸣虽不能唱出像我所唱的声调与歌语,但能唱出一种有调的声音来,显出他的模仿。对于模仿物事的程度,年纪大的儿童大概比年纪小的儿童来得高;聪明的儿童大概比愚笨的儿童来得深。还有一层,我们要知道的:就是小孩子的善恶观念很薄弱,普通知识很肤浅,所以对于所模仿的事物,他毫不加选择的。比方他看见他父亲随地乱吐,他也要吐吐看;看见他父亲吸烟,他也要吸吸看;或者他听见他母亲以恶言骂人,他也要骂骂看,看见他母亲做针黹洗衣服,他也要做做洗洗看。总而言之,我们成人的一举一动,一言一词,都能影响小孩子的,他看了听了之后,或立刻就要去做做看,说说看,或到了后来才做出来说出来;他所做的和所说的与我们成人所做的所说的不同,但却有几分是相像的,所以我们做父母的一面事事要以身作则,一面处处要留心小孩子所处的环境,使他所听的所看的都是好的事物。这样,他自然而然也受了好的影响。

原则四:做父母的不可常常用命令式的语气去指挥他们的小孩子

举例1:椿寿一日正在吃早饭时,听见外面有锣鼓声,就放下饭碗往外跑出去了,他母亲看见他出去的时候,就喊着说"椿寿!你跑到那里去?快点回来!"说好,看见他跑得愈远了,就自言自语的说:"这个小孩子,野心这样重,饭都不要吃了。"歇了一歇,椿寿回来了,他母亲也不说什么,不过叫他赶快把饭吃好。

吃好了早饭，天下雨了，椿寿拿了书包正要上学去，他母亲看看天已下雨，就喊叫他说：“椿寿！你回来，穿了皮鞋去！”椿寿恐怕时候太迟，不愿意穿，就头也不回，一直上学校里去了。他母亲看他不回头，也随他去了。

到了日中，椿寿回家了。看见他母亲叫了一声“妈妈”。他母亲笑嘻嘻地回答说：“你回来了。”稍息，午饭烧好了，他母亲指挥他说，“椿寿！你把凳子摆摆好，我们要吃饭了！”椿寿响也不响，尽管独自在书房间游玩。后来他母亲搬了饭菜出来，只得自己摆好凳子。午饭吃过之后，他母亲叫他去睡中觉，他也不去睡，独自在草地玩弄，他母亲也就随他去了。

讨论：我们看了上边几个例子，就可以知道做父母的不要随随便便去指挥他们的小孩子。椿寿的母亲不应当禁止他跑出去看锣鼓；因为小孩子很好奇的，看见外面有锣鼓声，自然要跑出去看的。

不过他既然命他回来，那他不回来，他应设法定要迫他回来的，否则做母亲的一次“令出不行”，以后就难以教训他了。

天下雨的时候，小孩子到学堂里去，做母亲必定要叫他穿皮鞋的；如果他不肯穿，那只好强迫他穿了。

至于他回来以后，做母亲的如果要叫他摆凳子的，那末他也应当和和气气的去问他，如对他说：“请你把凳子摆摆好不好？”这样去问他，他高兴去摆，固然是好，如果他不高兴去摆，那也没有什么要紧。因为问话的语气是活动的，原来不是一定要他去做的。至于命令式的语气，不是这样的，“一令既出”，必定要他去做的；如果他不去做，那他下次更加可以不听你的话了。但是这个母亲没有想到这层道理，竟用命令式的语气，叫他摆凳子。后来他竟不肯摆凳子而反要出去玩弄，我想这个母亲，到了这个时候，就“难以为情”了。

如果他的儿子吃了中饭以后,应当去睡觉的。只要好好地对他说“你觉得倦吗?你要去睡一下子吗?”罢了。用不到以命令式的语气叫他去睡的。若已经命他去睡,倘使他不肯去睡,他只得强迫他了。

所以做父母的,平日不宜多用命令式的语气来指挥小孩子;如果必定要命令小孩子的时候,那末一定要叫小孩子服从的。

举例2:荣生某日在学校里玩皮球,下午回家时,已经觉得很疲倦。他父亲看见他回来了,叫他到街上去买东西说:“荣生!你去买点信纸信封来!”荣生的身体已经疲倦不堪,实在不愿意去买,但父命不敢违逆,只得去买,他一路走一路嘴里吱咕吱咕的说不高兴的话。

讨论:小孩子大概不愿意听命令式的话的。所以做父母的,非有充分的理由,不必用命令式的口气来指挥小孩子的。你看荣生的父亲不管他身体疲倦不疲倦,不问他的愿意不愿意,只一味地命他去买,无怪荣生要怨恨他的父亲了。若有时小孩子应当做的事情,你一定要叫他去做的,不要因为他不肯去做,就不叫他去做了;至于命令一出,那无论如何要小孩子服从的,不过我们要郑重我们的命令,我们不要随随便便乱出的,而且最好要使小孩子明白我们的命意。这样,小孩子就变成优美驯良,不致无故违反父母的意思,而父母也不致无故受累受气了。

原则五:做父母的不应当对小孩子多说“不不!”如果已经说出,则不应当曲从小孩子的意思而再行更改

举例1:青儿有一天早晨起来,推窗一望,看见香粉一般的雪,下的漫天遍地。白茫茫的马路上,全没有车马的踪迹。只有两个小朋友在那里做雪人。一面尽管弄,一面尽管下。后来雪人的面上肿起来了,他们两个小朋友的黑衣都变成白衣了。但是他们还是弄个不歇。雪愈下愈大了,上下左右都是香粉一般似的白雪,在这中间,仿佛白浪中浮着两个蝴蝶。青儿见了这种景象,也要到雪地里去玩,但是他的母亲不答应他,嘴里连说:“不! 不! 不!”后来在山脚下,他又看见一只雪麑,荷枪实弹的赶麑的人都围在那里。一时枪炮声,狗咬声,麑叫声,猎人的喧笑声,同时并作。他闻声脚痒又向他母亲说“要出去”,他母亲骂他说:“大清早起,不洗面,不吃饭,跑到雪地去做什么事?”他那里肯依,带哭带吵的,再三央求,他母亲没有法子,也只得让他去了。

举例2:一鸣有一天早晨,在雪地里弄雪,我站在旁边看,一点没有去禁止他。后来他在吃饭以前要吃糖,我说“No!”,他因为我不允许他的要求,就“ng ng”的吵起来,我也不去管他,径自走到别处去了。

讨论:事属可行,就叫他行;事不可行,禁止他行,这是做父母的对待子女正当的办法。倘使不论事情的可否,竟一味去禁止他,那末小孩子茫然竟不知措手足了。这种教育,不但于事实上做不到,就是于情理上也说不过去的。雪地里弄雪是很有益的事情,既

可以欣赏雪的景致，又可以知道雪的性质，于小孩子的身体上、性情上，都可以得到很大的益处，做父母的不应当去禁止他的。至于看雪麑，尤不应该去阻止他，因为不见过雪麑，不知雪麑的样子；不见过打猎，不知打猎的情形。现在被他见到了，他就可以知道雪麑的样子，打麑的情形，猎狗的用处，于小孩子的智识上也是很有裨益的。小孩子不去看，做父母的应当叫他去看，何况他要去看呢？但是青儿的母亲竟没有想到这种道理，既不允许他去弄雪，又不允许他去看麑，要他坐在家里，不许出雷池一步；好动的青儿那里能够做得到呢？无怪他要和他母亲吵了。不过他既然不许他去看，不许他去玩，就应当坚持到底，断不能因为他要吵要哭就曲从他的要求。要知道禁止式的语气不可以常用的；既用了，不应当更改的。倘使既用之而又更改之，小孩子就要轻视他的父母了，以后无论什么事都不肯依父母的吩咐，做父母的以后就不能禁止他了。所以做父母的不应当常常禁止小孩子，如果已经表示禁止的态度，就不应当曲从其意而再行更改的。

原则六：别人做好的事情或坏的事情之时候，做父母的应当以辞色来表示赞许和不赞许的意思给小孩子听，给小孩子看

举例：小香五岁大的时候，最不喜欢刷齿的；而且在未刷牙齿以前，常常要吃饼干糖果等东西。他父母当他在面前的时候，对他母亲说："静波每天早晨起来是一定要刷牙齿的，倘使他的'用人'漱口水拿去太迟了，或忘记拿去，那他就要说他的'用人'了。未刷牙齿以前，别人即使拿食物给他吃，他总不肯吃的。"他说的时候，

脸色上表出很钦佩静波的样子，嘴里还不住的称赞他。小香在旁边听见他父亲称赞静波的话，心里也觉得很羡慕静波，所以到了第二天早晨起来做母亲叫他刷牙齿，他也要刷了，在未刷以前，不要吃东西了。小香的父亲因为小香不注重清洁，心里觉得很不高兴。他看见小香的小朋友正在玩耍的时候，嘴里要吐痰了。这个小孩子不随便吐在地上，他东看看，西望望去寻个痰盂。小香的父亲看见这个小孩子这样情形，就极力称赞他，说怎样注重清洁，不随便吐痰。小香看见他朋友的举动，听见他父亲的称赞，心里也觉得很敬重他。后来小香也不随便吐痰了。

芝英同他母亲在路上散步的时候，看见一个肮脏的小孩子；他母亲等到那个小孩子走过了就对他说："你见那个小孩子多脏呢！挂了鼻涕，不晓得揩揩。"芝英听了就觉得肮脏是不好的。

讨论：小孩子生来无知无识的，善恶是非的种种观念要慢慢儿在后天发生的。他怎样会辨别善恶是非呢？其道很多，但平日做父母的对于善恶是非显出一种态度，而小孩子听了看了无形中受着影响的，也是一个方法。所以做父母的看见别人做好的事情或坏的事情的时候，应当以辞色来表示他们的赞许与不赞许的意思，给他们的小孩子听听看看。

原则七：我们应当按照小孩子的年龄知识而予以适当的做事动机

举例1：一鸣小的时候（约一岁半到两岁半），凡他看见了肮脏的东西在地上，我总对他说："脏得很"；有时我自己把脏物拾掉，有时叫他拾掉。到了后来(从两岁半到四岁),凡他看见地板上的脏物如纸片、细棒等。我总叫他拾掉说:“客人看见不好看。”或他有时候游戏之后把房间的椅凳弄得东倒西歪,把玩物满地乱掷,我就对他说:“客人来起来,不好看;若客人问起谁把东西弄得这样难看,说一鸣弄的,一鸣要倒霉得很。”他听了之后就去把椅凳摆好,玩物藏好;有时他玩得已经太疲倦了,我就帮助他把房间整理好。

讨论:小孩子年幼的时候,没有什么“客人”的观念,也没有什么“羞耻”的思想,但是稍会有点肮脏与清洁的意思;所以我们就可以利用他的这点意思去教他爱护清洁,憎恶肮脏。待他年纪稍大一点,知道羞耻的时候,我们不但可以利用他的清洁观念,也可以利用他的羞耻之心以养成他的爱美习惯。

若他年纪再大一点,知识稍开一点,我们不但可以教他肮脏的东西是肮脏的,是不好看的;我们也可以教他肮脏的东西是妨碍卫生的。总之,年纪愈大,知识愈开,所用的教法也应依年龄知识而变迁才好。

举例2:知行年纪小的时候,他母亲常常对他说:“你不要把地板弄得这样脏,爸爸不喜欢的,爸爸要骂的。”知行到了六七岁大的时候,他的母亲还是说“爸爸不喜欢的,爸爸要骂的”这类话,使得知行心目中存了一种逢迎之心,一种惧怕之念。

讨论:小孩子年幼的时候,我们或者可以用个人的感情来支配他的动作,不过我们不应以个人的威严来恫吓他,使他对于我们发生一种无为的惧怕。若小孩子年纪大一点了,我们就不应该以个人的感情去感化他的心肠去支配他的行动。若我们尽管用这种教法,那小孩子长大的时候,他的行动仍旧是要以我们做父母的个人之好恶为依皈的;倘若我们死了,那他就要失掉凭借而无所适从了。

所以我们要教他肮脏是妨碍个人卫生的,也是妨碍公共卫生的;作恶是有损于己的,也是影响社会的。我们应当使他的行为不是受支配于个人的感情,乃是要建筑于公共幸福之上的。

总起来说,小孩子年纪小的时候,我们可以用个人的感情去激刺他作事的动机;年纪大的时候,我们须教他明了做事是要顾到公共祸福的。这样人民才有服务的旨趣、牺牲的精神和救世济民的志愿。

原则八:待小孩子不要姑息也不要严厉

举例1:心声是一个头生子,他的父母异常的疼爱他。他要这样,就这样,他要那样就那样,他要打人,别人只好给他打,他要骂人别人只好给他骂。一日他看见邻儿有一个小洋号就去抢了来。邻儿哭了跑来告诉他母亲,而他的母亲并不说他不好,反埋怨邻儿说:"借我们玩玩有什么要紧,你的气量为何怎样小呢?"骂得那个邻儿莫明其妙。又有一日,在深夜的时候,他醒来要月饼吃,但家里没有月饼,他就乱嗓乱闹,弄得一家不能安睡。

从此日积月累,心声就变成了一个很倔强很刚愎的小孩子。

讨论:小孩子那里可以随便抢夺别人的东西呢,而心声的母亲不责罚心声而反骂别人。这无非长心声之傲慢而已。

又在深夜的时候,小孩子不应吃东西的而心声的母亲不去责罚他而反任其嗓闹使人不得安眠。这也无非长其恶性而已。

这种"姑息养奸"的教育在我们中国家庭里是常看见的,无怪国中常多利己害人的败类呢。

举例2:知非家里的规矩是很严的,差不多事事要秉承他父母的意旨的。他要去玩玩水,他母亲说:“衣服要弄湿的”;他要出去同邻家小朋友玩玩,他母亲说:“你要同他们造孽的。”吃饭的时候,也要讲讲话,发表发表意思,他父亲就禁止他说:“小孩子吃饭,不准饶舌。”他要在家游戏游戏,他父亲说:“不要顽皮。”他的父母待他好像待成人一样,所以他慢慢儿以他父母的意志为意志,以他父母的性情为性情,这样一个活泼的小孩子竟变成一个萎靡不振、具体而微的小成人。

讨论:我们中国的旧式家庭往往把小孩子当作“小成人”看待。既叫一个活泼好动的小孩子穿起长衫马褂来以限制他的动作,又叫小孩子一举一动要模仿成人的样子。无怪国中多“少年老成”的小孩子了。

总括起来,心声的父母待心声太姑息,知非的父母待知非太严厉;两者都失其平,不得谓之良教育。

我们教小孩子当折其中;一方面予以充分机会以发展自动的能力和健全的意志,一方面限以自由范围使他不得随意乱动以免侵犯他人的权利。教育若能如此折中施去,小孩子未有不受其惠的。

原则九:不要骤然命令小孩子停止游戏或停止工作

举例:(1)荣升正在园内玩沙玩得很起劲的时候,他的母亲从窗门里喊叫他说:“荣升饭好了,快来!”荣升那里肯歇手,尽管玩沙，一声也不回答。他母亲见他不回来也不回答，就愤愤似地跑了出去叫他立刻停止玩弄。他依然不听；他母亲看他不听就拖了他的手臂走了，而他也就大哭起来了。

（2）知新的母亲很明白知新的心理。他也很能体贴知新的意思。而知新也很愿意听他的话。一日早晨，知新同他四岁大的妹妹玩弄积木。搭桥砌屋，玩弄得很高兴，他母亲走来看见他同他妹妹俩玩得这样有趣，就笑嘻嘻地称赞他们了几句，并且对他们说："我们要吃点心了，我再给你们五分钟功夫，你们快点玩，玩好就把接木放在原处"，说毕走开去了；而知新与他的妹妹赶快把桥搭好，一搭好，就把积木安置原处，一安置好就一齐跑进饭堂里去吃点心了。

讨论：不但小孩子不肯立刻停止玩弄的，就是我们成人也不肯遽尔舍弃有趣的游戏或将成的事体。比方我们正在那里打网球打得很高兴的时候，忽尔来了一个人怒气冲冲地叫我们立刻回去吃饭，我们不但不肯听他的话，恐怕还要埋怨他几句。

我们既然不愿意别人这样待我们，我们也应该不要这样待别人，所谓"己所不欲，勿施于人"我们成人尚且不肯遽尔停止游戏，况小孩子呢？

荣升的母亲不明了这种心理，使得荣升哭泣而起反抗；知新的母亲明白这种心理，使知新乐于服从。

不但如此，恐怕荣升还要养成做事中止的坏习惯。要知小孩子不仅喜欢做事的途径，也喜欢得着做事的结果。我们现在遽尔叫他半途中止岂不是剥夺他对于做事成功的快乐，岂不是使他养成一种有始无终的坏习惯吗？

荣升的母亲不知这种错误而反加荣升以倔强之罪，这岂不是可笑又可怜吗?

知新的母亲则不然。他再准知新玩弄五分钟功夫。知新在这五分钟功夫内不但玩得格外起劲而且玩后把玩物安放原处。像这种有始有终的做事习惯岂不是个个儿童所应养成的吗?

这样看来,小孩子听不听话,也看做父母的能不能体贴小孩子的意思而定的。

原则十:做父亲的应当同小孩子作伴侣

举例:我们中国贵族式的旧家庭里面的父亲大概不同小孩子作伴侣的。不要说别人,就是我的父亲对待我非常严厉,从没有和我作伴,我在六岁以前未尝和他一同吃过饭,我独自吃饭或同别人一同吃的时候,倘使高兴起来说说笑笑顽皮顽皮,那末别人就立刻说"我要喊了",或吓我说"你爸爸来了"。我听到他们这种声音正如同听见轰雷一般吓得魂飞九天之外。现在我父亲早早死了(当我六岁的时候),不过那种可怕的景象,还时时印在我脑筋里,永远不能忘却。我想我们中国人,同我受这种苦的正不知多少,我不过其中之一罢了。近看我们中国的家庭如此,而远看外国的家庭则不然。外国人做父亲的有闲暇的时候,常常带他们的小孩子到公园里去玩玩,或在家里唱歌讲故事说笑话,父子间的快乐,真非笔墨所能形容。所以家庭间也就发生浓厚的乐趣。但是上边我所说的情形大概是一种风气,我们也不宜深加痛斥的,况且现今这种风气已渐渐改变了。现在我对待我的小孩子一鸣也是这样的。有时候同他到旷野里去散散步,有时候同他到街上去买东西,有时候同家人和他举行野外聚餐。总说一句,我有空闲的时候,总同他作伴的。我觉得我们天伦的乐趣父子间的感情,也来得格外浓厚。

讨论:父子不作伴侣,则父子间容易发生隔膜。父不十分爱其子,而子则竟不知爱其父,因此名虽父子,实同路人了。有时候做父亲的偶然高兴起来,要和子女说笑说笑,但是他的子女一见了他的父亲,就一声不敢出声,父亲问他一句,他就说一句,不问则不说,叫他立则立,叫他坐则坐,叫他进则进退则退。天真烂漫的一个小孩子,此时竟同木鸡一般了。我想做小孩子固然乏味;但是做父亲的,在这个时候,也未见得有趣。在头脑顽固的人说起来,以为做父亲的应当不和小孩子作伴,使得小孩子怕;做小孩子的也不应当同他的父亲作伴,须要怕他的父亲。不知道怕到极顶,大家就要发生恶感,做父亲的打骂他的子女,做子女的就讥讪他的父亲,因此就父子相夷了。我们中国人愈说敬而愈不敬,愈说孝而愈不孝,推其原因,一部分实由父子不作伴侣的缘故。父子不作伴侣,于感情上既然如此,于训育教育两方面也有很大的害处。我尝看见有许多小孩子喜欢吃烟吃酒以及做种种不卫生、不道德的事情,而他们的父亲实在是一个很有规矩、很有道德的;那末做父亲的为什么不去训他们的子女呢?他们并不是不喜欢去训他们的子女,实在是因为没有和子女作伴,不晓得子女种种事情的缘故。我又看见许多上等社会人的子女,智识缺少,人情不懂。他们的父亲并不是不愿意去教他们,也是因为不和他们作伴,不知道他们智识缺乏人情不懂的缘故。即使知道了,去教训他们,但是因为大家不相接近的缘故就往往发生隔膜。我上面已经将父子不作伴侣的害处说得许多了,现在我再将父子作伴侣的好处说一下:

(1)没有隔膜,父子间就发生浓厚的爱情:父子一同作伴侣,那末常常在一起就没有隔膜。做父亲的知道小孩子的性情，而小孩子也知道他父亲的性情。大家既知道性情，大家就发生适当的反动，不令有什么恶感发生，而且逐渐发生父子间底情爱。我和我的小孩子一鸣时常作伴的，所以他对我时常有亲爱的表示。他有时候，见我回家来，就跑出来欢迎我，而且有时候拉我的手，嘴里爸爸、爸爸的叫着。有一天，他祖母把他抱在手里，一看见我进去，就闭嘴而哭要我抱，好像诉苦的样子。有时候他穿着美丽的衣服，欢天喜地的走过来给我看；倘使我说一声好，那么就更加喜欢了，有时他唱歌给我听，拍球给我看，一种爱我的样子真令无子者见而生羡。

(2)容易训育小孩子：和小孩子常常作伴，那小孩子不好的行为，做父亲的就可以知道就可以训育他，而小孩子因为爱他父亲或怕他父亲的缘故，就很高兴听父亲的话而改他不好的行为。一鸣有一天，用右手去拿墙上的一张挂图，我看见就轻轻的把那只手打了一下，他现出痛苦的样子。又用右手来抚摸打的地方并且嚷叫着“ē——”的声音。后来他又用右手去拿鸟笼，我又打他的右手，他现出痛苦的样子，就缩手。歇了一刻，他又要去拿鸟笼，我又阻止他。第三次他又伸手去拿；但是才伸出去，立刻又缩回来，恐怕是因为怕我打他的缘故。还有一天，他把猫的耳朵，拉得很重，而且显出很快活的样子。这是因为他不明了他的那样动作于猫是很痛苦的；后来我看见了，就立刻代猫表示痛苦的模样，而且禁止他不要再做。又有一天同他的母亲到野外去玩。玩的时候他要撒尿了。那块地方离家很远，来不及回来，他的母亲就叫他在草地上撒，他对他母亲说：“撒勿得格，爸爸看见要骂的。”他不肯在野外撒尿，是因为我同他在一起的时候，常常对他说的缘故。所以做父亲的应当常常同小孩子作伴侣，以改正他不好的行为。

（3）小孩子容易教育的：小孩子的智识是很缺乏的，做父亲的应当常常同他作伴侣灌输他一点智识。我有时候同一鸣看看图画，讲讲故事，有时候同他到野外去走走，有时候同他到街上去看看，随时随地多少总使他增些智识，得些快乐。这种例子，不胜枚举，所以我也从略不举了。

有人说做父亲的同小孩子作伴，那末小孩子慢慢儿就要轻视父亲了。父亲的斤两都被小孩子称过了，那做父亲的以后就不能教训他了。假使做父亲的不同小孩子作伴，除了应当见面的时候，就不同他说笑一句。那末小孩子就怕父亲了。骂也听了，打也不敢恨了，长大起来，就会可以成好人了。我说不然。做父亲的同小孩子作伴，并不是同小孩子轻狎。轻狎则小孩子容易生藐视心，而作伴则不要紧的。以前颜之推先生说："父子之间不可以狎；骨肉之爱，不可以简。简则慈孝不接，狎则怠慢生焉。"（《颜氏家训·教子篇》）我说颜先生这几句话说得真不错，我们做父亲的实在应当如此。我们中国以前有几家旧家庭，也不是父子不作伴的。清朝乾隆的时候，有一位崔述先生。他的父亲是常常同他同伴的。有时候教他书，有时候同他到城墙上去玩玩，同他看看山呀，讲讲故事呀。（《北京大学国学季刊》第二册）你看崔先生父子间几多快乐。至于父子不作伴的，外表上做儿子的虽然怕父亲的，但是他心里未必是爱父亲的。我看见有一位60多岁的钱老先生，他对待他的儿子是很严厉的，他的儿子也是很怕他的。有一天他的儿子在赌场上看赌，被他知道了；他立刻叫人去找他儿子回来，叫他自己脱去衣服跪在灶司菩萨面前。钱老先生就举起可怕的藤条在他30多岁儿子的身上，大打而特打。你看这种威严，威到极顶了。宜乎他的儿子以后永不敢涉足赌场了。不料过了十多年,这位钱老先生死了,他的儿子就大赌特赌了。现在我听见他的遗产,已去了一半了。你看这样严的父亲竟不能教好他的儿子,是什么缘故呢?我想这位钱老先生只能一时禁止他儿子的行为,而不能够改他儿子的心,所以到后来他的儿子非但去看赌而且也要赌博了。倘使钱先生当他儿子小的时候常常同他作伴,那末父子间底感情就可以融洽,他的儿子也不忍背他的教训去赌博了。所以我说父子应当作伴侣的。

原则十一:游戏式的教育法

举例:今天(十三年四月十八日)下午我手里拿着一只照相机,叫我的妻子把我们的女儿秀雅放在摇椅里。预备要替他拍照的时候,一鸣就疾足先登,爬到椅子里去,也要我替他拍照,我再三劝告他,他总不肯。后来我笑嘻嘻的对他说:"一鸣!你听着!我叫一,二,三。我叫'三'的时候,你就爬出来,爬得愈快愈好。"他看见我同他玩,也很高兴的答应我。歇了一歇,我就"一,二,三"的叫起来,说到"二"的时候,他一只足踏在椅子的坐板上,二只手挨在椅子的边上,目光闪闪的朝我看着,等到我说到"三"的时候,他就一跃而出,以显出他敏疾的样子。又有一天,夜已深了,大家都要去睡了,而他竟偏偏不要睡,他母亲就以游戏式的方法去引诱他,一面背着他,一面嘴里"海荷,海荷"的叫着。他听到他母亲这样叫起来,就很高兴的任他母亲背到房里去睡觉了。

讨论:小孩子是很喜欢游戏的。做父母的能够利用他这种心理,以游戏式的方法去教训他,他没有不喜欢听你的话的。一鸣本来是要硬坐摇椅的,现在一听见我"一,二,三"的叫着,就很高兴的爬起来了;他本来是不喜欢去睡觉的,现在听见他母亲"海荷,海荷"的叫着,就愿意去睡觉了。倘使他不肯爬出摇椅子的时候,我不以这种方法去引诱他,而以强迫手段去对待他,我想他固然不敢违背我,但是他的心里一定要很不高兴的。他不肯去睡觉的时候,他母亲不去引诱他,而去骂他打他,他固然没有能力抵抗,但是他这一夜,一定要做出许多恶梦来了。好好儿一回事弄得小孩子没趣,而且也要弄得做父母的也没有趣味岂不是很不上算吗?所以做父母的要使得小孩子听你的话,要使得大家高兴,最好用游戏式的方法去教训他,引诱他;倘使他不听你教训,不受你引诱,没有法子,你再用强迫手段去对待他也未为晚;不要贸贸然常常去打他骂他,弄得大家不高兴。

总结:我现在再把本章所说的几种教导原则,汇齐起来以使阅者得一目了然之便。

1. 对于教育小孩子,做父母的最好用积极的暗示,不要用消极的命令。

2. 积极的鼓励比消极的刺激好得多。

3. 小孩子既好模仿,做父母的一方面要以身作则,一方面还要替他选择环境以支配他的模仿。

4. 做父母的不可常常用命令式的语气去指挥他们的小孩子。

5. 做父母的不应当对小孩子多说"不!不!"如果已经说出,则不应当曲从小孩子的意思而再行更改。

6. 别人做好的事情或坏的事情的时候,做父母的应当以辞色来表示赞许和不赞许的意思给小孩子听,给小孩子看。

模 仿 游 戏

玩具是可以玩的，不单是看看的。

调 兵 遣 将

铁做的玩物“兵”动物

发展思想的利器

7. 我们应当按照小孩子的年龄知识予以适当的作事动机。

8. 待小孩子不要姑息也不要严厉。

9. 不要骤然命令小孩子停止游戏或停止工作。

10. 做父母的应当同小孩子作伴侣。

11. 游戏式的教育法。

第四章　卫生上的习惯

原则一：小孩子不肯穿衣服的时候，我们最好用诱导的方法去叫他穿

举例 1：宽仁每天早晨起来总不愿意穿衣服。他母亲因为他穿衣服的时候要哭要吵不肯穿，就去打他的屁股，有时候扭他的大腿，用种种高压手段去压服他，他没有法子只得吞声饮泣的让他穿起来。

举例 2：近来（二岁零二个月）一鸣每天早晨穿衣服的时候，他母亲给他一本图画书看看，有时候同他唱唱歌，讲讲故事：因此他常常忘记穿衣服的一回事，安安稳稳的让他母亲穿去来了。

讨论：小孩子大概不欢喜穿衣服的，在冬天气候严冷的时候，尤其不喜欢穿。穿的时候，做父母的倘使不和他说说笑笑，或唱唱玩玩，他就不愿意穿衣服了；如果以种种方法去引诱他，他就不顾到穿衣服的这件事情了。但是有许多做父母的，总不以方法去引诱他，而以强迫手段去压制他，如宽仁的母亲的去打宽仁，使小孩子不得不穿，不敢不穿。这种手段用之于牛马则可，用之于小孩子则不可，因为做父母的教育小孩子，应当以“循循善诱”为依归，不应当以力迫威胁为能事。虽引诱和威胁都使得小孩子服从，但小

孩子心里的愉快与不愉快则不可以道里计了。以引诱或威胁的手段去对待小孩子,不仅小孩子心里有愉快或不愉快之分,就是做父母的自己也有喜怒之别。因为做父母的以引诱方法去引诱小孩子穿衣服,在小孩子一方面固然高兴,就是做父母的一方面同时也受着快感。否则扮出一副鬼脸,伸出一只巴掌,以恶狠狠的样子去对待小孩子,小孩子固然受着无穷的痛苦,我想做父母的也不见得会高兴的。这样做父母的对待小孩子何苦不用引诱的方法呢?若诱导他,而他仍旧不听,再用强迫手段也不算迟,何苦贸贸然去强迫他呢?还有许多小孩子早晨起来高兴,踢踢脚,摇摇手,爬来爬去不肯穿衣服,做母亲的就去骂他"死东西!你有什么高兴?几天不打,骨头又要痒了,快来穿衣服!"骂毕就很快的把他去拖来。那天真烂漫的一个小孩子,受了他一番责骂,竟形同木鸡一样了。做母亲的要使得小孩子高兴尚恐不及,今小孩子高兴而竟去弄他不高兴,究竟是什么道理呢?这种母亲真是无意识极了。又有许多做母亲的因为小孩子不肯穿衣服,把糖、糕等物给他吃,以引诱他。这种教法比以上所说的一种教法好得多了。但是小孩子在未洗面未刷牙以前,吃糖糕是很不卫生的(关于这一点,容后再详)。他们不懂其中道理,以食物来引诱小孩子,使小孩子身体上受了妨害,实在是很不对的。从以上种种归纳起来,我可以简简括括的说几句:(1)做父母的应当诱导小孩子穿衣服。(2)引诱他而他不肯,那末应当强迫他。(3)小孩子早晨起来高兴而不肯穿衣服,做父母的尤应当劝告他,不宜去责骂他。(4)小孩子不肯穿衣服,做父母的绝对不宜以食物来引诱他。以上四点,关于小孩子穿衣服是很紧要的,我希望做父母的大家注意。

原则二:小孩子应当天天洗牙齿

举例:一鸣在一岁半以前,我们天天用棉花裹在手指头上替他揩揩牙床,洗洗舌头,擦擦上下两颚。一岁半以后,我们就用一个小牙刷替他刷。刷到了现在,他已经有三岁半了,我们有时候叫他自己擦擦了。

讨论:我们中国的普通小孩子,大概可以说不擦牙齿的。早晨起床以后,随随便便的把面一抹就去吃早饭了。倘使有几个小孩子看见父母擦牙齿,也要擦;他们的父母也不答应他的。他们以为小孩子年龄幼稚,牙齿上没有什么肮脏的,用不到去刷洗的。其实小孩子既然能够吃东西,牙齿上和牙床上,必定也黏着许多肮脏东西;倘使不去擦它,不特口里发出一种口气,就是于牙齿上说起来,也有许多害处的。我们不是看见有许多小孩子,不到六七岁,他们的牙齿不是个个掉下,就烂去半截,虽其大半原因由于多吃糖食,但是从小不洗刷牙齿也不无关系的。做父母的不欲小孩子的牙齿好则已;如果要小孩子的牙齿好,非叫他们洗刷不可。但是普通小孩子都不喜欢洗刷牙齿的。如他不喜欢擦,可用种种方法去暗示他,例如用彩色图画去暗示他,这张图画上,画了二三个儿童在一间很美丽的洗面室内,很起劲的都在那里刷牙齿;站在他们的旁边,又有一位笑嘻嘻的母亲看着他们刷,儿童看了这种图画,大概就要模仿他们去刷牙齿了。不但图画是一种很好的暗示品,就是家庭中的人也可以做一个样子给他看的。小孩子看见家里的人都刷牙齿,恐怕他也要模仿刷了。总之,小孩子的牙齿是一定要擦的;如果他不肯擦,做父母的用种种方法去暗示他罢了。

原则三:小孩子洗面刷牙应当在一定的地方内做的,不应当在任何地方洗刷

举例:陈某自搬到新房子里来以后,就在餐室的隔壁另辟一间洗面室。他们洗面刷牙洗澡等事,都在这间洗面室内做的。他们的小孩子洗面刷牙也是这样的。

讨论:我们中国普通家庭大概是没有洗面室的。妇女洗面总在房里,男人洗面有时候在客厅里,有时候在书房里,看到什么地方便当,就在什么地洗刷,从没有一定地方的。成人如此,小孩子自然可以不必说了。小孩子在家里洗面既然没有一定的地方,后来到了学校里去,洗面刷牙也不愿意有一定的地方。我的朋友张君告诉我一个故事说:上海某中学有一个学生,他洗面刷牙永不肯在盥栉室内做的。他每天早晨起来,就把开水壶的开水倒在面盆里,将面盆捧到走廊上面去洗,有时候捧到寝室里去洗,洗好以后,就随便向窗外一泼。有一天,事不凑巧,他把洗过面的水都泼在舍监的头上了。他自己知道已经闯了大祸,马上将手巾,面盆等物静悄悄的从后门拿到盥栉室去了。舍监又气又急,抬头一看,泼水的已经不知去向了。他赶到楼上,在寝室里各处乱寻,寻了半天,不但人寻不着,就是一面的器具却一样没有,只见桌上一块水迹而已。他没有法子,只得打起舍监的牌子来,出了一张告示,说"盥栉自有专室,何可到处乱洗,近有不法之徒,竟敢违背规律;擦牙不在盥室,洗面竟在房里;将水随便一泼,泼在我的头皮;我固不甚要

紧,负疚在你自己;今后宜自悛悔,务须痛改前非;倘仍怙恶不悛,只好按律惩你;特此谆谆告诫,仰我同学知悉。”自从出了一张很妙的告示,大家都传为笑话;这个泼水的学生,又在他的告示上很滑稽的批上好几句,每天早晨仍旧在寝室里洗面刷牙。舍监气极,天天去伺候他。不到几天,果然被舍监捉到了。连人连洗面的器具一同带到舍监室内。除了重重的责骂他以外,又记他一个大过。这个学生,也明知不应当在寝室里洗面,但是因为在家里成为习惯,不容易改,所以到学校里就有这种行为了。从这种地方看起来,你看家庭教育要紧不要紧?但是学生,为什么一定要在盥室内洗面呢?这是因为在别处洗刷秽水满地有碍瞻观有妨卫生的缘故。

原则四:小孩子洗面的手巾,应当独自一条

举例1:一鸣洗面是自独一条手巾的,它的样子比我们所用的,略微小一些。他洗的时候,就用这条手巾,洗好以后教他就把这条手巾挂好。

举例2:文煊的手巾是与大家同用的。实在说起来,他的家里只有一条很肮脏的手巾。患目疾的老祖宗洗洗,生疥癞疮的小姑娘也洗洗。他每天早晨起来,他母亲也就用这条手巾替他洗面。不多几天,文煊的手上生了一颗颗的疮,但是他的母亲,不说是疮,说是痦子。再过几天,文煊的眼睛也红起来了,他母亲不说他是眼睛痛而说他因为醒夜的缘故。后来他的疮一天一天的多起来了,眼睛一天一天的红起来了,他母亲方才知道从他的老祖宗和小姑

娘这里传染来的。他花费许多钱方才把他的目疾和疥疮医好。

讨论:我们中国普通家庭手巾,大概是大家公用的。至于小孩子独自一条手巾,那实在不大有的。父母也洗洗,兄弟也洗洗,手巾上的眼矢和鼻涕干自然可以不消说得了。倘使小孩子把这种手巾洗面,非但不清洁,而且要传染许多病;所以家里有一人患肺疾,那小孩子也患肺疾;有一人患目疾,小孩子也患目疾;有一人生疥癞疮或各种皮肤病,小孩子也要患同样的病,其害之大,真不堪设想。又有许多做母亲的不特与小孩子同一条手巾洗面,而且与小孩子同一面盆水洗面;问其原因,不曰省水浆,就说免麻烦。其结果,小孩子的面孔,不但没有洗干净,而且黏着许多的肮脏物。这种洗面,还不如不洗好,免得小孩子可以染着许多毛病。

原则五:小孩子洗面须注意到耳鼻和眼睛

举例1:我们替一鸣的面洗好以后,再用硼酸(Boric acid)或浓的茶汁替他洗洗眼睛,用棉花裹在火柴杆上替他洗洗鼻子。至于他的耳朵,我们不用别的东西去洗,不过用手巾揩得干干净净罢了。

举例2:文德的面孔是常常不干净的,他的父母替他洗,也不过随随便便的一揩。眼睛、鼻子和耳朵,他们是永不洗到的。所以文德的眼睛常红,鼻子常黑,耳轮上常常有一圈一圈的花纹。

讨论:俗语说:“扫地扫壁角,洗面洗眼角。”眼角不过是面孔的一部分,言眼角,则鼻子和耳朵俱概括其中了。照这样说来洗面不仅仅在两颊上揩揩罢了,也应当在眼角上好好儿洗洗揩揩的;不仅在眼角上洗洗，也应当在鼻子上、耳朵里好好儿洗洗的。做父母的大概都知道这两句话，但是他们替小孩子洗面的时候，有许多人没有注意到小孩子的眼角、鼻子和耳朵的。他们不过在小孩子的颊上轻轻的揩一揩，敷衍了事罢了。这种情形，好像一班善男信女替土地庙里的土地公公土地婆婆开光一样，洗与不洗没有什么两样，所不同者不过两边颊上多两块水迹罢了。这种样子，非但使小孩子容易惹人讨厌，而且小孩子的身体也受着很大影响的。眼睛不洗干净，则眼矢留在眼上，久而久之，易致眼疾，其害一。鼻子管不洗干净，则鼻管塞住，呼吸不灵，势必至于以口呼吸；以口呼吸时，必张开其口，灰尘和各种有害的微生物容易入肺，其害二。以口呼吸，在雾露天气容易受寒，其害三。以口呼吸，睡眠时，常常发生鼾睡的声音，使同居者不得安睡，其害四。喉鼻容易发生毛病，其害五。至于其他的害处，如妨害唱歌，说话等等，那就可不必细说了。所以做父母的应当很仔细的替小孩子洗面，不应当因为要免却麻烦，就随便一洗罢了。至于洗的东西，洗鼻子最好用棉花；洗眼睛最好用硼酸（Boric acid）。如果硼酸不容易得到，那末用浓的茶汁亦可；至于耳朵，除用手巾揩耳轮之外，须再用凡士林洗洗他的耳朵洞。总之，做父母的替小孩子洗面，以清洁为主，不应当敷衍了事，如果贪片刻的安逸，那末就要贻莫大之忧了。

原则六：小孩子未穿衣洗面刷牙以前，不宜吃东西

举例1：一鸣在两岁零七个月的时候，有一天早晨醒来就向他母亲要糖吃，他母亲给他葡萄糕，他不要就哭，一直哭了八分钟的

样子。20 分钟以后,他就向他母亲要那以前不要的糕了。假使他要糖的时候,他母亲没有给糕吃,那他哭了八分钟就完事了。

举例 2:一鸣在两岁零九个月的时候,我们要他实行醒来先穿衣洗面刷牙后才吃早餐。有一天,他醒来不愿意穿衣服,我们用种种方法引诱他穿,他总是不肯;后来无可奈何,只得把他打一顿,强迫他穿了。第二天他就很愿意的先穿后吃了。以后也就没有发生先吃后穿的问题了。

讨论:小孩子未穿衣洗面刷牙以前,吃东西是不好的。不穿衣而吃东西,容易受寒,其害一。隔一夜牙床上有秽污的东西,倘使不去刷洗它而马上吃东西,很不卫生,其害二。不洗面而吃东西,不雅观,其害三。总以上三害而观之,做父母的是不应当让小孩子先吃而后穿衣洗面刷牙的。但是有许多做父母的,不计利害,小孩子一醒来,就把东西给他吃,有时候,小孩子不要东西吃而硬给他吃,以为要小孩子身体强壮非此不可,以后小孩子成为习惯,一起来就要吃东西了。不过我所说小孩子未穿衣洗面刷牙以前不宜吃东西,是对较大的小孩子说的,如果很小的小孩子恐当作别论。一鸣在一岁零两个月的时候,早晨起来,我们先给他吃牛乳,吃牛乳以后,就给他几块糕饼以充饥;因为在一岁以内的时候,他早晨醒来,他母亲即喂他乳(这是做母亲的都如此的),后来穿衣服洗面刷牙,到了断乳的时候,他醒来就给他吃牛乳、糕饼,以当早餐,至于甜食如糖类是大概没有给他吃的,他约到了一岁半的光景,除了牛乳和糕饼以外又给他吃早餐。在这时候,他醒来不应当就给他吃牛乳和糕饼,因为他年龄已大,又另吃早餐,我们应当把牛乳移到吃早餐的时候;至于糕饼是应当取消了,以上二例我对待一鸣小的时候是这种样子的,我想凡是很小的小孩子都应当如是的。总之,较大的小孩子,未穿衣洗面刷牙以前,不宜吃东西,至于较小的就不在此例,做父母的随时观察,应机而行罢了。

原则七:小孩子吃东西以前,须洗手,吃后须揩手

举例1:一鸣自从两岁零十个月以来,每天早晨吃点心以前,他的幼稚园底教师总叫他先洗手,到了下个月五日的这一天,他未吃点心以前,就自己去洗手;不但如此,后来吃饭以前他也一定要洗手了。有时候忘记去洗,他正在吃的时候,忽然想到就去洗手了。

举例2:东生吃东西以前,从不洗手的,吃后也永不揩手的。有一次他在外面挖石头、拔青草的时候,忽然听见他的父母兄弟姊妹们大家吃鸡蛋糕,他就立刻跑回来抢鸡蛋糕吃了。他母亲对他说:"你的手是很脏的,到面盆里去洗一洗,再来吃。"他那里肯依,他恐怕鸡蛋糕被他们吃光,所以也不管手脏不脏,就马上来吃了。吃了以后,也不去揩揩手,将手上的油向他自己的衣襟上一揩。还没有揩干净忽然看见他的娘舅来了,他显出很快活的样子,将很肮脏的手去拉他娘舅的衣襟,他娘舅也没有顾到他的手,很高兴的去摸摸他的头,抱起来了亲亲他的嘴;后来看见他的手就想到他的衣襟,低头一看,啊哟不好了,崭新的一件华丝葛夹衫已经有十来个手指印了。他也不好意思去说他,只得自认晦气罢了。

讨论:小孩子平时是很好动的,东拿拿西抓抓,手上不知黏了多少尘埃,倘使小孩子不洗手就去拿东西吃,那末尘埃与食物要一同到肚子里去了。有许多小孩子在夏天的时候,常常去捉苍蝇扑蝴蝶,手上的微生虫不知黏了多少。他们也不管什么,一看见东西

就去拿了吃，做父母的也不去禁止他们，以为小孩子一天到晚总不会清洁的，何必去洗手多麻烦呢？做父母的如此，做小孩子的也如此，到了后来，小孩子就沾染了疾病，有许多小孩子竟因此而死的，你看可怜不可怜呢？所以我说小孩子吃东西以前，一定要洗手的。至于吃东西以后大概也要揩揩手的。因为手拿食物以后，大概要肮脏的。倘使拿了后，不去洗手，那末小孩子不是把这肮脏东西黏在自己身上，就要黏到别人身上了。黏在自己身上不清洁，黏在别人身上不道德，说来说去都是不行的。但是有许多小孩子吃东西以后，总不揩手的，做父母的也没有叫他去揩，到了后来，小孩子这种行为慢慢儿成为习惯，其中的害处，更不堪闻问了。我的朋友张君又告诉我一个很好的故事，现在把他写在下面，给大家看看。某年张君从杭州乘沪杭车到上海，在车中看见一位50多岁的老头子，他的鼻上血红，面上生着许多斑点，一望而知其好“杯中物”的。车到枫泾，他就买了一包蹄筋，又从网篮中拿出一瓶玫瑰酒，一面吃酒，一面用于去拿蹄筋吃，其味津津，其声喳喳，真令见者“垂涎三尺”。吃了以后，他也不揩手，就以舌头去舐他的手指头。后来不知怎样一来，他的脚碰到他前面的一位“翩翩公子”的一件簇新的湖绉袍子上面了。他一看见，一面就很抱歉的说“对不起”，一面就用那油腻腻的一双手去揩少年的衣襟。这一来真非同小可，很好的一件袍子，竟好像被蜗牛爬过一样，一条一条的留着许多亮皎皎的痕迹。少年看见这种样子，竟弄得笑不得，哭不得，一面看看他的面，一面看看他自己的袍子，看了许多时候，方才喊叫说：“你怎么替我这件衣服弄得这样？”他听见少年的话，以为还没有替他弄干净，又用手去替他揩。少年连忙推他的手嘴里说“不敢不敢”。后来少年没有法子，只得自认倒霉罢了。幸喜得他是一个和气的人，否则他碰到一位丘八太爷，那恐怕要闹得“乌烟瘴气”了。他这种举动并不是他生来如此的，是他小的时候，做父母的没有教他的缘故。所以做父母的，当小孩子小的时候吃东西以后，一定要他揩手的。这种事情是很容易的，我劝做父母的大家去做做罢。

原则八：小孩子吃饭的时候，应当有适当的盘匙

举例：一鸣一岁半以前吃饭，由他母亲喂他吃的；一岁半以后，我们就常常让他自己吃。初吃的时候，我们给他大的盘子和弯柄的银匙；到了两岁半，教他慢慢儿用起筷子来。

讨论：小孩子手筋未发达的时候，使用普通碗箸是很不便当的。我们常常看见许多小孩子用尽许多气力，不但不能够取到一点菜一粒饭而且弄得饭粒狼藉，菜蔬满桌。这种样子既暴殄天物，又惹人讨厌，于父母与小孩子两方面都是不好的。倘使做父母的给他适当的盘匙，那末以上各种弊病，大概可以免掉了。因为汤匙容易取食物，而大的盘子因为面积较大不容易狼藉食物，所以小孩子不能使用碗箸的时候，做父母的应当给他适当的盘匙。等到他手筋已经发达能够使用碗箸的时候，那末我们就叫他慢慢吃普通的饭碗，用普通的筷子。

原则九：小孩子吃饭时，应当要有适当的椅桌

举例：一鸣两岁以前，我们替他特制一张椅桌如第一图；两岁

养成独立的能力

（第一图）

（第二图）

以后，再替他做一椅一桌如第二图。如第一图的椅桌价目约四元，如第二图的椅桌价目约三元。

讨论：我们中国普通家庭，小孩子吃饭的时候，缺少适当的椅桌的。小孩子两岁以内，做母亲的常常一只手抱他，一只手喂他，小孩子既然不舒服，做母亲的尤觉得不便当。不是碗瓢堕地，就是食物污襟，害处很多，不胜缕述。等到小孩子能够自己吃饭的时候，做父母的就叫他到桌上去同成人一同吃了。要知道成人吃饭的桌子，是很高的桌子，而小孩子的上身短，所以小孩子吃饭的时候，是不便当的。成人坐的凳子，大概也是很高的，小孩子坐着这种凳子，宕着两只腿去吃饭，也是很不便当的；做父母的因为他种种不便当，就叫他站在凳子上面，凳子肮脏可以不说了，有时候还当从凳子上跌下来，弄得皮破出血。总而言之，小孩子吃饭没有适当的椅桌的害处，既如上述，现在且把有适当的椅桌的好处说一遍：

(1)有第一图的椅桌，做母亲的去喂小孩子，无伛偻驼背之劳。

(2)有第一图的椅桌，小孩子吃饭的时候无局促不安之苦。

(3)第一图的椅桌，可以随便移动。

(4)第一图的椅桌，不但吃饭的时候用得着，即平时也可叫小孩子坐坐，靠着板上玩弄。

(5)有第二图的椅桌，小孩子吃饭的时候，无太高太低之苦。

(6)有第二图的椅桌，小孩子吃饭的时候，不会跌下来，无皮破出血之虞。

(7)这种椅桌，不但吃饭的时候用得着，就是小孩子坐坐玩弄的时候也用得着。

以上几种好处是显而易见的，至于别的好处还有许多，我可以不必一一细述了。小孩子吃饭，没有适当的椅桌，既有许多害处；有适当的椅桌，既有许多好处，所以我劝做父母的大家替小孩子做两只罢。

原则十：小孩子吃饭的时候，须要有围巾

举例1：一鸣每餐吃饭以前，我们总替他系一条围巾。现在在吃饭以前，他自己一定要围围巾了。

举例2：小香吃饭的时候没有围巾的，饭粒满襟，菜茎满肩，一件布衣服，弄得亮皎皎的好像缎子一样。他吃饭以后，也不洗手面，他的嘴用两只袖子左右一揩，他的手指头，向他自己的襟上上下一抹，而他的母亲也不大替他洗衣服的，所以他的一件衣服的肮脏，真不堪问闻了。夏天的时候，许多苍蝇都飞到他的衣襟上去，吃他的饭粒菜茎，有时候这种苍蝇趁他睡熟的时候，飞到他的鼻头上、嘴唇上、眼睛旁边去吃他的肮脏东西。

讨论：吃饭的时候，很容易把菜饭狼藉在衣襟上面的。小孩子手筋不发达捏箸不稳，更加容易狼藉菜饭。倘使没有围巾替他系着，衣襟上肮脏不说可知了，这种样子，非但不雅观，不卫生，也使得小孩子养成不爱清洁的习惯，影响于小孩子，实非浅鲜。但是许多做父母的没有想到这种弊病，替小孩子做一条围巾，以致小孩子食物常常沾染胸襟，养成不厌肮脏的劣性。且有时把衣襟衣袖来揩揩嘴巴和手指头。倘使有了围巾，那末就可以免掉以上几种弊病，并且可以养成爱清洁的习惯了。有几位母亲，也知道小孩子吃饭的时候，有围巾的好处，但是他们因为怕麻烦，不愿意替他们去

做;即使做起来,也不愿意给他们用。其实一条围巾也没有什么十分大,比较一件衣服已经小得多了。洗一条围巾便当呢,还是洗一件衣服便当?

原则十一:小孩子小食的分量不宜太多而且要有定时

举例1:我们每天给一鸣吃小食的时候,上午总在十点钟左右,下午总在四点钟左右。给他吃的东西也不太多,仅仅能够充饥罢了。

举例2:青儿的家里是很有钱的,所以各种茶食也是很多的。什么鸡蛋糕呀,杏仁酥呀,茶糕呀,饼干呀,各种小食都应有尽有。他的父母因为爱他的缘故,所以常常把这种小食给他吃,吃的分量是很多的,而吃的时候也永没有一定的,什么时候要吃,就什么时候给他吃;要吃多少就给他多少。他因为多吃小食,就不要吃饭,到了后来,常常害便闭的病,慢慢儿现出瘦弱的样子。

讨论:给小孩子吃小食的目的是要使他充饥,不是要使他吃得很饱,小孩子饥饿的时候,上午大约总在十点钟左右,下午总在四点钟左右,所以给小孩子吃小食的时候,以这两个时间为最适宜,而给他所吃的东西,也只能够充他的饥饿罢了。但是有许多做父母的不懂这种道理,以为小孩子多吃东西则容易长大,多吃东西则容易强壮,所以不论什么东西,不论什么时候,有则给他吃,吃则尽他量,小孩子因为多吃东西就不要吃饭了;不吃饭,身体上就要受很大的影响了。甚至因为多吃闲食,常常弄得食积成病,小则犹可,大则殒身,做父母的到了这个时候,真正要百悔莫及了。所以做父母的不爱小孩子则已,如果要爱小孩子,不宜多给他小食吃而且吃的时候要有一定。

原则十二:应当叫小孩子独自先吃饭

举例:近来我们吃饭的时候,一鸣(时二岁九个月)也吃饭。他母亲因为要喂他吃,所以不能够同我们同吃。等喂好了,他方才独自个吃,而所吃的都是"残羹断肴"了。后来我们搬到新房子里以后,就先给他吃饭,使他母亲可以同我们一同吃。

讨论:我们中国有许多家庭,小孩子自己不能够拿筷子的时候,由做母亲的或"用人"喂他的;等到他自己能够拿筷子,就让他自己爬上桌子,同大家一同吃。这种情形在社会上是常常见到的,我也可以不必举出"千篇一律"的例子来,使得阅者诸君讨厌。至于其中弊病,我且一一述之。做母亲的一面既然要喂小孩子吃饭,一面又要自己吃,使他食不舒服,其害一。有时候,因为要喂小孩子,他自己吃得太迟的缘故,弄得不特没有菜蔬,而且饭又冰冷,当然不宜,其害二。小孩子既然同大家同吃,看见桌上好吃的东西,就要来抓来拿,这种样子,极不雅观,其害三。拿抓不得就号啕大哭,鼻涕与饭齐嚼,眼泪和汤同饮,使小孩子食不卫生,其害四。做母亲的因为他要吵要哭,有妨害大众的安宁,为委屈求安起见,不得不拿来给他吃,久而久之,渐成食积,使小孩子小则生病,大则殒身,其害五。吃是个个人喜欢的,小孩子一看见有美味的食品,就鹰眈虎视,目不他瞬;有时候竟把这样食品移来,摆在自己的面前,养成他强暴的行为,其害六。照以上六种情形看起来,小孩子和大家同吃，于母子两方面都是有害的，但是有许多做母亲的，以为爱养小孩子非此不可，这真是弄错了。推想做母亲的牺牲自己的权利去喂小孩子的缘故，有许多是因为溺爱小孩子，但是大多数一则是因为小孩子独自吃饭，盘碗等物容易弄破，二则是因为容易把饭粒狼藉，所以他自己去喂他的。要知道弄破几个碗，是没有十分大要紧的。他头几次弄破，以后不见得常常会弄破的。小孩子狼藉几颗饭粒，也不打紧的。五谷固须尊贵，但是狼藉几颗，只要吃了拾起来喂鸡狗就是了。至于为了狼藉饭颗，要遭天谴，而去喂小孩子吃饭，那是更加错了。

但小孩子到了年纪稍大一些，知识稍开一点，自制能力稍强一点，那应该同家中的成人同食，以享受团聚之乐，那时候，又当别论了。

第五章　卫生上的习惯(续)

原则十三:对于食物不准小孩子自己随便乱拿

举例1:一鸣对于食品,从来不敢自己去拿的。他要的时候,叫他母亲或父亲去拿。他即使把装食品的罐头拿来,也不敢自己开了去拿的。有时候客来,他看见桌上有食品,不敢擅自去拿;即使要吃也要向我讨的。不过他来向我讨,我总叫他进去向他母亲或向他祖母要的。所以他见客人吃的食品,不敢来讨的。

讨论1:对于以上这一点,我们中国普通的家庭,没有注意到。所以小孩子一看见客人来,就觉得很高兴,因为叨客人的光可以有东西吃了。一看见请客的食品摆出来,就不问父母的许可,自己去拿去抓,倘使他父母说他,他就撒娇:父母骂他,他就哭。做父母的因为恐怕得罪客人就任他去罢了。也有许多小孩子一看见父母把请客的食品拿出去,就大哭起来。他以为他的东西给别人吃了。这样情形,做客人的是觉得很难以为情的。所以在当初的时候,做父母的不能够放纵小孩子的,切不可因为小孩子向你讨东西,你就给他;也切不可因为不要使得小孩子吵,就把请客的食品去给他。因为你一次给他,他第二次也要向你讨了。总而言之,做父母的不应当任小孩子自己去拿东西吃的。至于请客的食品,尤不应当给他的,只要叫他到里边去拿就是了。

举例 2:一鸣有一天,吃饭以后,他母亲给他两块糖,他吃完了还要吃,独自走到吃饭间把橱门打开,拿了两块,正在吃的时候,被我撞见了。他就把嘴里一块立刻吐出来,把手里的一块马上跌在地上,同时就大哭起来了。我因为他自己乱拿东西是不好的行为,而且这是第一次他自己拿东西吃,若第一次不禁止他,下次他就要格外大胆做了。所以我叫他到房里去,重重的打了他一顿。自从那次之后,他从没有发现第二次自拿食物的行为。

讨论 2:偷食物是很坏的行为,倘使做父母的不去禁止他,那后患不堪设想了。但是有许多做父母的,因为宠爱他们子女的缘故,看见小孩子偷食物,永不去骂他们的;至于打,是难得见到的。小孩子因为偷食物是不要紧的,所以他后来更加要偷了。他以为既可以偷食物,就不妨偷铜钱;既可以在自己家里偷东西,也不妨到别人家里去偷东西;小孩子等到这个时候,人格堕落,已经不可救药了。"吾为此惧",所以一看见他偷糖吃,就很重的去打他一顿,以禁他下次。他自己也知道偷糖是不好的,所以一看见我就惊惶失措,大哭起来。在这个时候,我实在不应当打他的,只好重重的骂他一顿罢了。倘使他看见我,"从容自若毫不介意",那末我方才可以去打他。但是我恐怕他将来"人格堕落",所以也不管他哭不哭,竟是叫他到房里去打他了。

原则十四:做父母的不应当因为小孩子要偷食物,就把食物随便乱藏

举例1:阿香小的时候是很涎嘴的。他看见一件好吃的东西,就向他母亲讨;他母亲给他不够,他就想出种种方法去偷;他母亲因为他要偷,就把吃的东西乱藏。有时候藏在大橱上面;有时候藏在小橱底下;有时候藏在抽屉里;总而言之,他母亲因为他要偷,就把东西常常乱藏;他因为母亲常常乱藏,就把东西乱偷。

举例2:我们永不把食物乱藏的。我们的食物总藏在橱里的。等到吃东西的时候,就拿出来给大家吃,一鸣当然也有吃的,不吃东西的时候,我们大家不吃的,一鸣即使要吃,我们也不给他的。他也很懂得种种规矩,不来向我们讨东西的;讨得没有,也不敢自己去拿的。

讨论:乱藏食物的害处有四:

(1)以防贼的方法防小孩子,适足以堕落小孩子的人格。因为做父母的以贼待小孩子,小孩子渐渐地要失掉自尊心了。

(2)不把食品公开,做小孩子的容易怨恨他们的父母;因为他们以为做父母的特地把食物藏起来不给他们吃。

(3)食物容易弄坏;有时候竟被老鼠吃去。

(4)藏得日子太多,容易忘记;以后要用的时候,就找不到了。

不乱藏食物的好处有四:

(1)不以待贼的待小孩子,小孩子就能够自爱自重,以后不会偷东西了。

(2)小孩子知道这东西是大家吃的,不会怨恨他们的父母。

(3)食物不会弄坏。

(4)物有定所,以后要用的时候,容易找得到。

总观以上所述,做父母的应当不应当把食物乱藏,不待思考而也会知道了。但是有许多做父母的总没有想到这种利弊,因为小孩子要偷,就把这食物乱藏,到了后来,就要犯以上的四条弊病了。要知道不要小孩子偷物,不是乱藏而可以收效的。应当慢慢儿教训的。教他不应当偷食物;如果要偷,做父母的就应当像我打一鸣的去打他。否则,不求本而求末,事愈弄而愈糟了。我常看见有许多做父母的,因为小孩子要偷,就想出种种方法去藏这件东西。做小孩子的,因为他们父母把这件东西藏得这样好,也想出方法去把这件东西偷来方肯甘休。做父母的藏东西的方法愈好,做小孩子的偷东西的本领也愈加大了。这种样子,做父母的不是叫小孩子不要偷,简直是教训小孩子去学偷呢。

原则十五:做父母的不宜将食物随便乱摊

举例1:一鸣有一天早晨起来,看见桌上有糖就要吃;不给他吃,他就哭。

举例2:丽生的母亲是很会摊食物的。无论什么东西拿到那里,就放在那里,永没有一定的地方的。丽生看见桌上或灶上有好吃的东西,就向他母亲要;倘使他母亲不给他,他就赖在地上哭。他母亲被他哭得不耐烦了,就把食物给他。以后他把桃子放在桌上,他就要桃子吃;他把萝卜放在灶上,他就要萝卜吃;一个随便乱摊,一个就随便要吃,所以不到年半功夫,他的身上就慢慢儿瘦削了。他的身子虽则瘦削,但是他的肚子是很大的;他的肚子虽则大,但是他的嘴里时时要吃东西的。坏了!坏了!很伶俐的丽生,不上两三年功夫,就"一命呜呼"了!

讨论:小孩子没有外界的引诱,决不会哭,会吵的。倘使桌上或别的地方有好吃的东西,那他自然要讨来吃了;不给他吃,自然要吵了;吵吵依旧没得吃,他自然要哭了。有许多做父母的,因为被他吵得讨厌了,所以就把食物给他。不知道给了他,就弄坏他的身子,丽生的死就是这个缘故。倘使被他看见以后而仍旧不给他,他就要吵;即使不吵不哭,也要使得他花费许多心思。我看有许多小孩子有时候对着食物而咽口涎的,有时候对着食物而虎视眈眈的。使小孩子费许多心思,都是做父母的乱摊的缘故。所以做父母不要把食物随便乱摊。

原则十六:小孩子吃午饭后,最好安睡一点中觉

举例:小孩子吃午饭后,应当休息一下,所以今天午饭后,我们就把一鸣放在自己的床上。五分钟以后他因为一个人在房里寂寞不过,所以就哭起来了。然而哭了一歇,也就安安稳稳的睡去了。

讨论:无论什么人,从生理上讲来,都应当睡一刻中觉的。自晨至午,做事半天,身体上必定觉得疲倦的。午饭后,稍睡片刻,必使精神焕发,神志清爽了。况且吃饭以后,胃须静养,使之消化,否则,饭后运动,恐怕有损于胃的。小孩子身体尚未完全发达,饭后尤须睡觉,使有益于身心。至于睡的时间的短长,也以小孩子的年

龄和个性并气候而变迁的。大的小孩子睡觉的时间当然比小的小孩子来得短。在夏天的时候，大小孩子都应当睡的；在冬天的时候，因为日短夜长，未必一定要睡。还有小孩子个性一方面，我们也应当顾到的。有的小孩子一睡睡了三四个钟头方才醒来，以致晚间不愿照常睡眠，对于这种小孩子，可以设法使他早点醒来；也有许多小孩子，倘使不睡中觉，到了晚上，就疲倦不堪，反不能安睡，这种小孩子睡了中觉，醒来觉得精神焕发，到了晚间，反能安然睡去；所以午饭后，应当让他去睡中觉；至于睡的时候，不应当去扰他，使他不得安睡；倘使外边不安静，那他不但不能睡，而且恐怕也要到外边来玩了。所以有的小孩子须要睡中觉的，有的要睡得长一点的，有的要睡得短一点的，做父母的当看各个小孩子的个性和气候而定的；不过小孩子吃了中饭应当到寝室里去休息休息为是。至于不要睡中觉的小孩子，最好叫他看看图画，同他讲讲故事，以休养他的精神；要睡中觉的小孩子，倘使一时不能睡去，那末就给他看看图画，也是很好的。总之，小孩子的睡中觉，以个性并气候和年龄为定的，由做父母的斟酌罢了。

原则十七：小孩子晚上未睡以前，应该有适当的娱乐

举例：每天七八点钟的时候，当一鸣未睡以前，我们大概给他一点相当的游戏。有时候弄点音乐，有时候同他讲讲故事，说说笑话，看看图画。娱乐以后，我们方才叫他去睡觉。

讨论：在日间，做父母的大概没有功夫同小孩子游戏；到了晚间，须要抽一点功夫同他玩玩；一方面使家庭快乐，一方面使小孩

子对于父母发生良好的感情。至于娱乐的方法,歌乐为最重要;家庭中有了乐歌,如有了生气一般;试想一个家庭,吃晚饭后,父母子女团集一室,同唱同歌,这是何等有趣的事情!一日之间,有了这种团聚,不但于精神上发生无穷的快乐,而且于感情上也可更加融洽,所以家庭中不可不有乐歌。乐歌后最好有点不甚剧烈的团体游戏;至于游戏的方法,种类很多,不在本篇范围以内。游戏后,小孩子就要快睡觉,所以同他说说笑笑,看看图画,使他安安稳稳的可以睡熟了。但是我们中国普通的家庭,小孩子未睡以前,大概是没有这种娱乐的。有时候,做父母的偶然高兴起来,就和小孩子,说几句,玩一玩;倘使不高兴的时候,不但不和小孩子谈笑,而且常常拿着小孩子来出气,不是骂就是打,吵吵闹闹,弄得一家不安。小孩子受了这种打骂,夜里就不能安安稳稳的睡熟了。这种样子,非但做父母的没趣,就是小孩子身心上也有很大影响的,所以做父母的绝对不应当这样去对待小孩子;应当在小孩子未睡以前,用以上各种娱乐的方法,使得小孩子心境快乐为是。

原则十八:小孩子夜里睡眠的时候,应当穿睡衣

举例:一鸣每夜临睡的时候,我们把他日间所穿的衣服脱出,换上一套睡衣;早晨起来,又把他的睡衣换掉。

讨论:睡衣于身体上有很大的好处。我们日间所穿的衣服大概是紧窄的,贴身所穿的衬衣尤更紧窄;倘使我们把这种衬衣当作睡衣,于身体上就要受很大的影响了。因为睡的时候,我们须要衣服宽大,使得血脉容易流通;如果穿了很紧窄的衬衣,血脉就不易

流通了。有许多做母亲的不懂得这种道理,在小孩子临睡以前,把小孩子穿了一件很紧窄的衬衣,以防他受寒,下身又裹了许多的布条,以防他遗矢,把一个小孩子缠得好像一个木偶人一样。小孩子受了许多束缚,寒固不容易受了,矢固不容易遗了,但是他的身体也受许多的影响了。呼吸不灵,血脉不和,到了后来,往往显出一种瘦弱的现象。其实防他受寒,非一袭紧窄的衬衣所能够收效的,防他遗矢,也不必裹许多布条的。倘使替他的被服弄好,也就不会受寒;胯间系一条矢布,遗矢也不必忧了。他们不去这样着想,而竟替小孩子束缚得动也不会动,岂不碍卫生吗?我所以希望做父母的不要这样去束缚他,应当替小孩子做一套宽大的睡衣,临睡以前,替他换上;起床以后,替他换去;费时有限,费钱无几,而小孩子的身体实受了极大的利益。照这样说来,爱子女若父母者又何不赶快去做呢?不过对于使用睡衣,亦当以家庭的设备或气候的寒暖而转移。假使天气寒冷而家中没有设备火炉,那末因为换睡衣的时候容易受寒,睡衣可以不必换。不过所穿的衬衣,应当要宽大一些,使他身体上不会受什么影响这是应该注意的。

原则十九:小孩子不应当有人抱了睡

举例1:一鸣一岁大的时候,常常要他母亲抱着睡;倘使他把他放在床上,他就哭起来了。十二年四月一日的晚上,我们决计要把他这种坏习惯改去,所以不管他哭不哭,把他放在床上,叫他独自睡去,他不愿意独自睡,就哭起来了,并且要他母亲去抱他;他母亲因为他哭得太久了,就去抱他一歇,不多时,他就睡熟了;第二天晚上,他不吵而睡熟了;第三天晚上他哭了一歇不哭;第四天晚上,他一点也不吵了。

讨论1:小孩子喜欢抱着睡的习惯,大概是由于做母亲的姑息而成的。做母亲的因为疼爱小孩子,所以就把他抱了睡;小孩子以后习以为常,不肯独自睡了。一鸣要他母亲抱着睡,也是这个缘故。他以前吃乳的时候,他母亲抱了他吃的,吃好了,他也睡熟了。到了后来,乳不吃的时候,他母亲或"用人"还是抱了他睡熟以免他吵,所以到了现在,他非抱着不肯睡了。我因为这种习惯,终究不可以为常的,所以毅然决然的叫他母亲把他放在床上,叫他独自睡着;不到三四天,他居然能够独自睡了。

举例2:同年十一月十二日的晚上,他又不愿意睡在床上,并要他母亲抱了睡,他母亲不依他的要求竟自出去了。我把灯熄掉,把门关着,他就大哭起来,要爸爸要妈妈进去;哭了一歇,我进去,他就不哭了。我把他的眼泪揩干,好好儿亲他几个嘴,叫他独自睡着,而且对他说"明天再会"。他受了我这一番安慰,就显出心境安宁与我"和好如故"的样子。我出去了之后他就睡熟了。

讨论2:做父母的不应当因为小孩子不肯独自睡就去抱他;也不应当听他哭不去睬他,应当用种种方法去安慰他使他独自睡去。当一鸣关在房里哭泣的时候,假使我让他去哭而不去安慰他,他虽然因为哭得疲倦会睡着的;但是他的心境是很不安宁的。我用这种方法去教育他,一方面使他知道他应当独自睡的,一方面使他心里觉得很安宁。这种方法是宽猛并济的,比较纯用硬逼的方法是好得多了。

结论:小孩子要人抱了睡,于小孩子和母亲两方面都不方便的。做母亲的因为手里抱着小孩子,不能够做事情;即使做,也是很不方便的;小孩子因为被他母亲抱在手里,容易动醒,即使不醒来,也不能够安安稳稳的睡着。既然双方面不好,做母亲的应当把这种坏习惯改去才好;但是许多做母亲的舐犊情深,明知之而故犯之,真正自寻烦恼了。我常看见有许多做母亲的一只手用衣襟裹着小孩子,一只手拿着吊桶到井里去汲水,唉!辛苦可以不必说了,一不留神,也会跌到井里,危险极了!做父母的日里抱着小孩子睡,其害既如上述,就是夜里抱着小孩子同睡,也是很不好的。总之,做父母的不论日里夜里,都不应当抱小孩子睡的。

原则二十:不准小孩子点灯而睡

举例:十二年四月里,一鸣有一种点灯而睡的坏习惯。这种习惯是逐渐养成的。现在把他怎样养成的历史说明一下:当初是因为我们房屋太小,所以他同我们是同室异床而睡的,他睡的时候,我们还没有睡,所以灯还没有息掉。后来我们搬到新房子里来,他同我们异室而睡了。他因为以前是点灯而睡的,现在忽然没有灯,所以就要吵了。这个月十九的晚上,我们决计要把他这种习惯打破,所以熄了灯,把他放在床上,他看见没有灯就大哭起来了。大约哭了五分钟的时候,他母亲去抱他,他方才不哭。第二天晚上,熄了灯,他就不哭;第三天,他只哭了半分钟;到了第四天,他完全不吵了。后来他的坏习惯又发现了,睡的时候,常常要点着灯。同年十月一日的晚上,他睡的时候,我就把灯熄掉,他就大哭起来。后来他母亲因为被他哭得不耐烦,就把灯开了。第二天他睡的时候,我又把灯熄掉,他就哭并且要他母亲来。他虽进去,但是仍旧没有开灯,他没有法子也只好不哭了。

讨论:点灯而睡的害处很多,我现在且把显而易见的说一下:

(1)不卫生:电灯固然无烟;至于菜油火油等等费多少油,就发出多少烟煤。倘使把灯一夜点到天亮,发出来的烟煤就不少了。人睡的时候,把这种烟煤吸进去,那于身体上,就要有妨碍了。我常看见有许多人,夜里睡的时候,把门户关得“风息勿漏”;又把无罩子的火油灯点到天亮。等第二天早晨,我们进去的时候,还觉得烟雾弥漫,煤屑乱飞,令人闻之头痛。我想他把这种烟煤一夜吸到天亮,妨碍于身体是不消说得了。其害一。

(2)多危险:点油灯而睡,则油灯有时候被猫或鼠弄翻,“致肇焚如”。我记得有一个农夫,常常点灯而睡的。有一夜,一盏青油灯不知为了什么缘故,把油倒在桌上,就在桌上烧起来了。这个农夫已经睡觉了,没有见到;但是隔壁的人还没有睡,他们看见火光,就拼命的叫农夫;农夫从梦中醒来一看,一张桌子已经烧得斗大的一个洞了,用了许多气力,方才把火弄熄。这种事实虽不常见;但是点灯而睡究竟有许多危险。其害二。

点着灯睡既有二害;反之则有二利。但是有许多人不计利弊,常常把灯点着而睡,这未免做错了。追溯他们这种恶习惯的起源,大概是因为他们小的时候,做父母的没有禁止他们的缘故。倘使早早禁止他们,他们也不会有这种坏习惯了。有许多小孩子因为怕黑暗,点着灯可以壮胆子,所以常常点着灯睡;后来成为习惯,虽欲改而已不容易改了。如果小孩子为惧怕而点灯,那末做父母的应当先去其惧怕,而后叫他不要点灯。如果为了别的缘故而点灯,那末做父母的也应当想方法去禁止他点灯。总之,点灯而睡是不好的习惯,做父母的须要当心务使小孩子能脱离这种恶习。

原则二十一:小孩子最好独睡一床,独睡一室

举例:我们搬到新房子里以后,在我们寝室的旁边,另辟一室给一鸣作寝室。至于独自一床,未搬以前,我们早早叫他实行了。

讨论:我们中国普通做父母的,大概是和小孩子同床而睡的。他们以为小孩子年龄幼稚,智识薄弱,饥不能讨食,寒不能讨衣,而且睡得很蛮,一不当心,就把被服跌开弄得受寒生病。所以他们以为非同小孩子同睡不可。要知道同小孩子同床而睡,固然可以就近照料,但是其中的害处也很多。我现在举出五大害如下。

(1)容易被父母压死:小孩子身体孱弱禁不起父母一压,所以做父母的一不当心往往把小孩子压死。我记得二十年以前,有一个三个月的婴儿,竟被他母亲的手臂压死了。

(2)容易被被服窒死:小孩子睡在大的被服底下,抵不住被服的压迫,往往有因此而窒死的。邻家十仓老的小孩子已经有五六个月了,有一天早晨,他妻子起床以后,就把他用被服好好儿盖着,后来他去为他穿衣而他已经死了。这种惨事,常常有得听到,不止十仓老的儿子一个。

(3)很不卫生:父母所呼出的炭酸气被小孩子吸去,而小孩子所呼出的炭酸气被父母吸去,这是大家不卫生的。在热天同睡,尤不卫生。

(4)不能安睡:睡的时候,小孩子一醒,父母也要醒了;有时候父母一动,小孩子也被惊醒,以致往往大家不得安睡。

(5)养成依赖性:小孩子同父母同睡,他的独立性和独立的生

活习惯,都不容易养成。所以做父母的应当使小孩子独睡,慢慢儿造成他独立的精神。

总以上五者而观之,小孩子与父母同睡既然有许多害处,反之,不与父母同睡那末就有五利了:(1)不会被父母压死;(2)睡在他自己的小被服里,不会闷死;(3)父母与小孩子两方面大家可以安睡;(4)养成小孩子的独立性。

照这样看来,小孩子应当独自一床睡的。做父母的如果防小孩子受寒,那末只要替他盖着用大的"别针"把他的被服夹住就是了。小孩子不但应当独自一床,也应当独自一室。因为独自一室,小孩子晚间醒来只要母亲或父亲起来照管他;倘同在一室,做父母的都要被他弄醒而不得安睡了。而且小孩子有了一室,一方面他的独立精神,格外容易养成,一方面尊重他人权利的思想,格外容易发展。不过对于这一层,须以房屋多少为转移,房屋多,那末小孩子也可以独自一室;倘使房屋少,那末同室而睡也不要紧,不过不要同床而睡就是了。

原则二十二:小孩子便溺须有定所

举例1:一鸣有一只大便椅子。其形与普通有靠背的椅子一样,不过略为小一些。他的里面有一只铅皮桶,即用以盛粪的,盖盖其上而置之于椅子之中,不知者竟以为一只椅子。我们把这只大便椅子放在洗面室内;他要便溺时,就到洗面室里面去。把门关上,他就可以小便或大便了。

举例2:文煊没有这种椅子的。他所用以便溺的,不过是一只畚箕罢了。这只畚箕有时候摆在床面前，有时候摆在桌底下，摆来摆去，没有一定的。他要便溺的时候，两只手拉着裤子，四面乱找，找得到还好；找不到就在无论什么地方乱撒了。在夏天的时候秽气熏腾，群蝇乱飞，几令闻者欲呕，而他的父母以不为奇的，即使有时候看不过去，也不过说他几声罢了。

讨论：便溺固人人所不能免的，但是也不能随便乱撒的。我常看见有许多不知羞耻的男人，要便溺的时候，就不论天井里、大路里，随地就撒，倘被别人踏着，真要作“三日呕”了。他们这种不知羞耻的行为，都由于他们小的时候，便溺没有定所，而做父母的不去好好儿教训他们的缘故。倘使做父母的从小去教训他们，而且使得他们便溺有定所，那末他们也不敢在外面乱撒，也不肯在外面乱撒了。我现在且举二例以实吾言。今天（十二年十一月九日）一鸣（二岁零十一个月）在外面游玩的时候，跑到他母亲那里去，说要解小溲；他母亲因为离家太远，就叫他在墙隅解了。解的时候，他低声对他母亲说爸爸要骂的。十二年十月七日他在洗面间解溲的时候，叫他母亲把门关着，并且对他母亲说“羞死哉，不关门”，他已经知道应当关着门解溲的，免得别人进来看见。我们从前一例看来，可以知道他已经晓得在外面解溲是不好看的，要被我说的；从后一例看来，他已经晓得在洗面室内解溲被人看见也是很倒霉的。在洗面室内解溲被人看见尚觉得倒霉，况在外面解溲吗？是可知无论那一个小孩子，倘受良好教育，决定不会在外面乱解溲的。如果便溺没有定所，做父母的又不好好儿去教训他，那末就要随地便溺了。

原则二十三:小孩子大便须一日一次而且要有定时

举例1:知新每天解大溲一次,而且总在早晨起床以后,大约七点钟的时候。

举例2:文煊解大溲从没有一定时刻的;有时候在早晨,有时候在下午,有时候在半夜里。有一次在严冬十二月里的时候,半夜里他忽然要大便了。他母亲恨极,一面打,一面骂说:“早不解,迟不解,偏偏要留在半夜里解,你的良心会这样劣。”骂了许多时候,方才把他抱下床来。文煊来不及已经有一半遗在床上了。他母亲嗅到臭气,就向他说:“你解在床上了吗?”文煊知道自己做了差事,一响也不响,不过栗栗的发抖罢了。他母亲因为嗅着臭气,就去摸摸被褥,啊哟!不好了!果然有一大堆粪了。他母亲气极了,手里点灯,嘴里咒骂,弄了半天,方才把一堆“黄白物”弄掉。弄好以后,他又重重的打他一顿。他的身体本来是不大强健的,今夜受打又受寒,肚子便不好过了。不到天亮,又要大便了。他母亲被他连吵两次,肚子也不好了。后来听说他们吃了好几帖药方才复元。

讨论:有许多人说解大溲,完全要听小孩子自己的,做父母的断不能限定时间去规范他的。倘使规定时间去限止他,那末他不要解溲的时候,也要去迫他吗?要解溲的时候,不许他解吗?持这种论调的人,大概是由于不晓得不按时解溲的害处和不用决心去养成定时解溲习惯的缘故。我现在且把这种害处举二条出来给大家看看。

(1)不按时解溲常常有在半夜里解溲的事情发生。春夏秋三季还不要紧，如果在冬天那就有许多不便当了。文煊的事情，就是我们的“殷鉴”。

(2)小孩子大便没有一定的时间，到了大的时候，常常要患闭结的毛病，而且身体上受重大的影响。

解溲没有定时，既有以上的二害，反之，则有二利了。倘使做父母的叫小孩子按日做去小孩子决定不以为苦的，到了后来他到解溲的时候而没有解溲，必定要觉得不舒服了。不到解溲的时候，除掉特别原因以外，他决定不会要解溲的。至于解溲的时候，在我看起来，以早晨醒来为最宜。次之晚间睡眠以前。不过每天总要有一次，而那次时间总要有一定。这种习惯是容易养成的，如果他第一天做不到，那末第二天再叫他去做；倘使第二天再做不到，那末第三天叫他再做；这样慢慢儿做去，一定能够做得到的。

原则二十四：婴儿不应当终日感受外界的浓厚刺激

举例1：记得有件故事，是可以证明小孩子不应当终日感受外界的刺激，而尤其是初生的婴儿。现在试将他写了出来：

有一个乡下人，生了一个婴儿，非常的宝爱，每天必定要抱在手里，和那婴儿开玩笑，或者给下婢抱到街头巷间，在许多乡下妇人的面前，表示宝爱的样子。这个婴儿的面孔真是生得玲珑可爱。于是许多乡下老，你也来和他玩玩，他也来和他嘻嘻，有的呢，替他接吻，有的呢，故意把可怕的东西，放在他的面前，使他哭泣起来，表示有趣的态度，弄得这个婴儿，真是和玩物一样，简直把婴儿的生命，看似演木偶戏的小木偶一样。没有多少时候，这个婴儿果然发生病的现象了,幸而不久就告勿药,不至于危及生命。

举例2:有一位做母亲的,是研究过家事教育的,他对于《儿童心理学》,更有一些素养;所以他对于小孩子的看护,是很能依着科学方法的。他曾生了一个婴儿,名唤雨花,面貌非常美丽可爱,然雨花的母亲,却不和一般村妇乡姑一样,常常把他抱在手里,给人家开玩笑,或把适于成人的笑语说给他听,或以"猫来了""狗来了""老虎来了"种种恐吓的话,欺骗他。他只是把雨花坐在摇篮里,把摇篮置在空气明静、色调简单的房子里,使雨花安睡。醒来的时候,更没有许多奇异古怪的印象,表示在雨花的面前,使他引起种种"不快之感"来。后来雨花长大了,神气却越发秀美,姿态格外敏慧,智力的发达,更是令人可惊的;所以小孩子在婴儿时代,断不可时常给以复杂的刺激,引起他的反感,雨花的母亲,是可以做一般人的模范的。

讨论:心理学家报告我们说:"刺激与反应,是互为因果的,感受了何种的刺激,一定会引起相当的反应,刺激愈猛,则反应愈强,这是不易的道理"。我们的脑系组织,在幼稚的婴儿时代,是非常纤弱的,仿佛是含苞未放的花朵,再也受不起蜂蝶的摧残,狂风暴雨的打击。做母亲的,诚然不应当把许多复杂的笑话、恐吓的故事、庞大的怪声,在婴儿面前,如演新剧一般地时常表现,又以为他可玩,某叔来了,抱抱他;某婶来了,逗逗他。一日之间常常受着许多猛烈的刺激,无怪到后来,精神显出不稳固的样子。

原则二十五：小孩子不应当终日抱在手里的

举例：我们中国多数的小孩子，可以说是抱大的。不是他们母亲抱着，就是他们祖母抱着；不是他们“用人”抱着，就是他们姊姊或哥哥抱着。一天到晚，除了睡眠以外，总是抱在手里如同宝贝一样。还有许多小孩子，正要爬行的时候，而做母亲的或“用人”还是抱着他，使他不得自由行动。请举一例：有一天，我在妇女青年会打球，看见三个“用人”各抱一个小孩子，站在草地上看我们打球。两个是同我打球人的小孩，一个是外边来的，这三个小孩子的年龄是一岁零三个月左右，都能够在地上爬行，而且也喜欢在地上爬行；但是他们的“用人”总是抱着不肯让他们去爬。

美国好家庭的小孩子，不是这样子的。小孩子从生出后就不抱在手里的；一天到晚除掉一点钟或半点钟抱着以外，都让他睡在小床里，任他自己乱踢乱敲。到了五六个月的时候，把他靠着坐褥或椅垫等软物，独自坐着。有时因为他坐了太久，就抱抱他玩玩。再过了三四个月，他的运动的能力逐渐发达了，就让他在适当地板上或草地上爬爬，有时候他爬得倦了，就坐着玩玩。再过了三四个月，他要扶着东西站立了，在这个时候，他喜欢立立就让他立立；他喜欢坐坐就让他坐坐，他喜欢爬爬就让他爬爬，总没有常常去抱他的。后来小孩子慢慢儿要开步的时候，做父母的不使他常走，因为小孩子身体重而脚筋弱，倘使多走，他的脚容易成疾（如行走时脚尖向内，等等）。等到小孩子脚筋逐渐发展了，那末就让他自己去走，父母不过在后面看看罢了。自此以后，小孩子的筋肉，更加发展了,做父母的就让他自己去运动了。就是我第二个小孩子秀雅,自生后除了吃乳以外,我们总让他独自睡着;他即使哭,我们也不去睬他。如是习以为常,他睡在床上就不哭了,而且常常显出很快活的样子。到了第四个月的时候,他喜欢侧起来了,所以我们就把他垫着东西使他倒着而睡。再过了两三月的光景,他逐渐能够坐了,我们就把东西替他垫着,使他坐坐。现在他已经有一岁了,自己喜欢坐着玩了,我们有时候把他坐在床上,有时候把他坐在椅上,有时候把他坐在摇篮里,让他自己去玩,倘使他坐得乏了,那末我们去抱一歇。总而言之,他自生后到现在,抱的时候是很少的。

讨论:小孩子生性好动的,我们看很小的婴儿,从生出后,就喜欢手动脚踢,一刻不歇。到了后来,筋肉逐渐发展了,而运动的能力也就格外增加了。小孩子既然生性好动如此;倘使我们终日抱着,那末他就少运动的机会了。推想父母抱小孩子的缘故是因为珍爱他,宝贝他,所以一听见小孩子哭,就立刻去抱他;要知道小孩子哭哭是不要紧的,他一面哭,一面动着,于他身体上实在没有妨害的;倘使你一听见他哭就去抱他,那末以后就更加不肯睡了。因此你就终日抱他,他的肌肉就不会容易发展了。我们看我国富贵子弟多孱弱,贫苦子弟多强健,虽则他们致弱致强的原因不一,但是他们小的时候,做父母的常抱不常抱,也不无关系。大抵贫苦之家,做父母的终日碌碌,席不暇暖,那里还有闲功夫去抱他们的子女呢?他们的子女也只好睡着或爬着;他们运动的机会既多,所以他们的身体也就格外强健。至于富贵之家则不然。做父母的生一子女,如获珍宝,常相扶抱,刻不释手,不但养成娇养的习惯,而且使他身体不强健。至于父母一方面,也因此花费了许多光阴,所以于两方面都是不好的。

总结:上面两章都是关于小孩子卫生上的习惯。我们晓得强健的身体是小孩子幸福的根源,若身体不健全,小孩子固然终身受其累而做父母的也要受无穷的痛苦。

我们中国人的体质可算孱弱极了,年未壮就有暮气,年未老就有死气,形容枯槁,精神委靡,欲求精神活泼、身体健全的少年十个中得不到二三人。以如此衰弱的人民,国家那里能强盛呢? 卫生上的习惯与身体的健全是有密切关系的。我们中国做父母的对于种种卫生上的习惯不但没有顾到,还有许多误会。我所以特别详详细细把主要的习惯写出来,以引起做父母者的注意,并以解除许多无谓的误会。

第六章 游戏与玩物

原则一:小孩子须要有适宜的伴侣

举例:有许多小孩子本来是很好的,后来进了学堂或私塾,同一班坏的小孩子做伴侣,慢慢儿受他们的影响也变成不好了。有一个小孩子因为常常同一个癞痢头做同伴,后来他的头上也生了癞痢疮。我们一鸣常常骂他的"用人"说"讨厌东西"。这种骂人的话,是从别人学来的。家里成人这样骂人,他也这样去骂人了。又有一天,他的三个堂兄同在地板上用粉笔画图画。图画画好以后,就用布揩去。画的时候,看见他堂兄把粉笔放近口边呵呵气,他也就这样做了。假使他堂兄所用的是铅笔,那他也用铅笔来呵气了。有许多学生常常把铅笔放进嘴里去润润。这种习惯大概是从别人学来了;要知铅是有毒的,很有妨害卫生的,而且舔铅笔头的行为也不很雅观。所以做父母的应当注意这种行为,尤应当考察他的同伴是否是一个好人。倘使是个好人,那末小孩子受他的影响也成为好人了。一鸣(两岁零九个月时)有一天赤了脚不肯穿鞋;后来看见一个邻家的小孩子穿了西装到我们家里来玩,他就跑到他母亲的地方去叫他把他鞋子穿上。你看小孩子的环境,多少

“马来了！马来了！”

大小孩子大概喜欢骑驴骑马的。

凡不喜欢骑驴骑马的，大概是因为小时受了动物惊吓的缘故；所以小孩子初次与各种动物接触的时候，我们万不要使他受惊慌。

这种游戏

既强身体又壮胆量

要紧。像这样小的小孩子能够受到环境底影响了。

讨论:语云“益者三友,损者三友”。是可知社会上朋友不是个个好的。同好的作伴侣,就受他的益处;同不好的做伴侣,那末就受他的坏处了。小孩子智识简单尤其容易受伴侣的影响。他的伴侣喜欢骂人的,那他以后也喜欢骂人;他的伴侣喜欢说坏话的,那他以后也喜欢说坏话了。这样看来小孩子与伴侣的关系是很密切的。所以孟母三迁其邻,而马伏波之训子侄谆谆以季高为戒。

原则二:小孩子应有与动物玩弄的机会

举例:动物可以玩的有许多,普通的兽类是狗,其次是猫和兔,鸟类是鸽子,其次是芙蓉鸟等。美国的小孩子玩动物是很多的,中国小孩子现在玩动物的还不多。

讨论:小孩子玩的动物须要清洁无病而且性情要驯良的。倘使所玩的动物是很清洁,那小孩子的身体不会肮脏;所玩的动物没有微生虫,那小孩子可以免掉疾病;动物的性情来得驯良,那小孩子就没有什么危险。不过这种清洁无病、驯良可爱的动物普通是不容易找到的。我们平常所见的狗和猫,不是癣癞满身,就是凶狞可畏。此种动物,不特不可以给小孩子玩而且也不可让小孩子去接近。所以要给小孩子玩的动物我们最好从小豢养起来。可以玩的动物既如上述,我们现在再把玩动物的好处说一下子。

(1)可以养成小孩子不怕动物的胆量:小孩子生来大概是不怕动物的。后来做母亲的当小儿哭的时候,常常去吓他们,说什么狗来了,猫来了,老虎来了,熊来了,甚至于说山狼吃人,马熊吞物等许多可怕的话，不但小孩子闻而生畏，就是成人听见，恐怕也要毛发尽竖了。无怪小儿以后就不敢亲近狗猫牛马等动物了。倘使做父母的不要去吓他而且把可爱的动物给他玩玩，那末小孩子不但不会怕动物而且也很喜欢同动物作伴的。我的小孩一鸣当六个月的时候，看见一只马离他有五尺远，他看看他而且对他笑笑。后来他看见他堂兄同狗玩，他就大笑起来。有一天，他真的骑了马玩。他不但不怕马而且非常的高兴去骑他。他堂兄养了许多蚕，一看见就要去拿，并不惧怕。还有一天，我拿一个小龟养在面盆里让他看看。他一看见水中能动的小龟，立刻伸右手来捉。从上面三个例看来，有的小孩子本不怕动物的。若我们常常把动物给他玩，那他对于动物的胆量会更加大了。

(2)养成爱护动物的习惯：小孩子因经验缺乏，智识薄弱，是不能十分爱护动物的，例如一鸣当一岁零三个月的时候，看见我宰小羊，听见羊叫的声音并看见羊的鲜血迸出来，他站在旁边瞪眼看着，没有现出怕惧的样子，也没有表示可怜羊的态度。即此一端，就可以证明年幼的小孩子是不能与动物表同情的。倘使我们常常把这只羊给他玩，那末当我杀羊的时候，他就要替这羊抱不平了。一鸣到了三岁半的光景差不多就是这样了。有一天，他看见他所玩的一只小鸟死了，就显出很爱怜小鸟的样子，并且把死鸟放在手中不肯让人把鸟丢掉。又有一天，他听说我们要杀小羊吃了，他极力恳求我们不要杀他。我们要问为什么一鸣从前不能爱护动物现在能够呢？其原因很多，但最要紧的就是我常常表示爱护动物的动作和态度给他看，并且使他得着与动物相接触的各种机会。

(3)使他知道动物的性质与动物的生理：我常看见有许多学生，嘴里讲鸽这样的形态、这样的构造，说得天花乱坠，娓娓动听，倘使我们指鸽以问之，他即瞠目不能答。名且不知，形态与构造可不必说了。这种只知书上的鸽而不知实在的鸽的弊病，是由于平常不与鸽接近的缘故。我们要使得学生免掉这种弊病，必须在他们小的时候，多把动物给他玩；小孩子一方面可以取乐，一方面可以知道动物的性质怎样，形态怎样，起居动作怎样，而且以动物的性质、形态、起居动作，小孩子就发生种种反动，如怎样弄狗，怎样玩猫，怎样喂兔子：这种反动，影响小孩子的智识，实在非浅的。

（4）与动物作伴侣：小孩子所玩的东西大概是玩具和动物。但是玩具是死的，小孩子玩的时候，不会有许多反应的。动物则不然，当小孩子玩的时候，就发生种种反应，小孩子因为他这种反应，玩的兴趣，就格外浓厚，而他的乐趣也就格外增加了。我的小孩有一只狗同一只猫，它们离开他的时候，他就要寻找。这点我们可以证明，他一方面是少伴侣的感觉，一方面是失离伴侣的感觉。有一天他父亲给他一只小黑猫，他很喜欢的，就同它玩耍，并且“咪咪”的唤它。又有一天，这个小孩子在路上看见行人骑驴子，他也要骑驴子；他父亲就雇了一匹，他骑了显出很高兴的样子；凡此诸端，可以证明小孩子是很喜欢玩动物的。

以上所说的不过荦荦大者罢了，此外还有许多好处略而不说了。我们总说几句，狗、猫、兔子、鸽、芙蓉鸟种种动物，是儿童很好的玩物，也是儿童很好的伴侣，儿童有了这种伴侣，一方面可以发展他的同情心，一方面可以学得动物的性情，并且可以使他不致寂寞。不过动物必须清洁、无病，而且性情驯良。最好动物是从小豢养的。

原则三:小孩子平时宜穿运动套衣

举例:我们中国的小孩子可以说都是没有运动套衣的。所以小孩子一运动就弄脏了衣服。衣服弄脏做母亲的就要打他骂他了。我尝看见有一个母亲把他一个两岁大的小孩子终日穿了美丽的衣服以炫耀别人。他恐怕他的小孩子把衣服弄脏就不准他去玩弄。小孩子要去玩玩水,他不准;要去玩玩沙土,他也不准。小孩子一方面固然喜欢他的美丽的衣服;但是一方面因为这套衣服就丧失他的自由了。美国良好家庭的小孩子大概是有运动套衣的。他们夏天有夏天的运动衣,冬天有冬天的运动衣。他们有时候,穿着运动衣到野外去拍球,到江河上去跑冰。有了这种运动衣,他们可以常常去运动而且衣服不会弄龌龊。

讨论:小孩子生来大概是喜欢动的。因为他常常运动所以他的肌肉就慢慢儿发展了。倘使做母亲的把他穿得花花绿绿、斯斯文文、束手束脚的叫他坐着,那末他差不多被一套美丽衣服束缚拘禁了。非但小孩不舒服,就是做母亲的看了也要难为情的。做母亲的如果替他做一套运动套衣,叫他时常穿着,那末他既可以运动,以发展他的肌肉,又不会弄脏了他美丽的衣服,岂不是一桩很好的事情吗?

原则四:小孩子东西玩好以后应当整理好放在原处

举例1:有许多小孩子正玩弄东西的时候,一听见外面有很热闹的声音,就往往立刻丢开他所玩弄的东西,到外边去看。有几个小孩子回来以后,仍旧去玩弄他所玩的玩具;但是有许多小孩子,一回来就去玩别的东西去了,他以后所玩的不去管他了。前者可无问题,后者做父母的应当叫他整理他的玩具。但是小孩子独自个整理东西,大概是很不高兴的,所以做父母的须帮助他,以助他的兴,小孩子整理东西,大概是不能周到的,所以做父母的应当在他的旁边督察他;小孩子大多数很高兴去玩弄东西,而不高兴去整理好已经所玩过的东西的,所以做父母的应当督察他,帮助他,诱导他,如果他不听,那末应当强逼他。

讨论:小孩子大概不会知道去整理他所玩好的东西的。做父母的应当常常督察他,诱导他,使他慢慢儿养成这种良好习惯。这种习惯在小时不养成,那到了年大的时候,还是不肯整理东西的。我常看见有许多中等学校的学生,早晨起床以后,连他自己的被褥也不高兴去折。倘使有人去问:"你为什么不折被呢?"他们说:"今天晚上还是仍旧要睡的,现在何必去折他多一种麻烦呢。"哈哈,他们所回答的话真是妙极了。天下恐怕没有一用而以后永不用的东西。照他们说起来,一用以后,可以不必再去整理了。所以他们看了书报,就不高兴去整理书报;吃好了饭,就不高兴去洗他们的饭碗。他们这种懒惰性,都是小的时候,做父母的没有好好教训他们的缘故。所以到了现在就有这种行为。其害一。不整理玩好的东西，一方面固然养成惯性，还有一方面，外表上很不雅观。我想凡是无论什么人，都爱齐整的。乱摊玩具，乱放书籍是最不雅观的样子，除了同他同性质的人，常常容易引起别人的厌恶心。其害二。东西放在原处，以后用的时候，找找便容易了。倘使东摊摊，西放放，那末以后要用他的时候，便不容易了。我常看见有一个家庭是很会摊东西的。无论什么用过以后，都随便一丢。以后要用起来，大家就记不起了。费了许多功夫，费了许多精神去寻一样东西。寻着了固然没有事，寻不着就大家骂起来了。他说他会摊，你说你会摊，你说我，我说你，在旁边的人实在好看极了。一个儿子对着他母亲说："你们一天到晚，除了吃饭睡觉以外，是寻东西的。"这句话真可谑而虐了。这种弊病也许是小的时候养成功的。其害三。小孩子不整理好他的东西，做父母的因为不雅观，所以常常替他去整理，放在原处。到后来，小孩子以为做父母的应当替他整理东西的，以后玩好了东西，就永不高兴去整理了，养成小孩子"己逸人劳"的观念。其害四。以上四种弊病是显而易见的，其余的弊病还很多，今从略而不举了。

举例2：一鸣三岁大的时候，有一天，他将他自己的书搬到我们的房里来，作贩卖的游戏。玩了没有多少时候，我们大家要吃饭了。我叫他将书籍整理好，他说要吃饭了，吃饭以后再放好。吃过饭，他说要睡了。后来我对他说："我帮助你一同弄。"我说"海荷""海荷"（这小工抬东西或挑东西时的一种喊声）的叫着，替他整理起来；他看见我已经替他整理好，也"海荷""海荷"的叫着，把书籍搬到他的书架上去了。

讨论：小孩子有时候不高兴独自个去整理好他所玩弄过的东西。在那个当儿做父母的可以用他平日所喜欢的东西去助他的兴趣。“海荷”“海荷”的叫着搬东西是一鸣平时所最喜欢做的，所以我就利用这种方法去引导他。倘使我们不去引诱他而去强逼他，那他心里就要很不高兴了；虽然他因为怕你，不敢不去做，但是他的心里已经很不舒服了。如果他不受引诱；那么不得不用强逼手段了。

原则五：小孩子最好有玩水的机会

举例：美国中等以上人家的小孩子是常常去玩水的。有时候他们的父母带他们到海滩上去玩玩；有时候带他们到江河池塘旁边水浅的地方去。在夏天的时候，做父母的带他们到游泳池里去玩水。至于玩水的地方设备是非常周到的。游泳池可以不必说了，就是海滩或江河池塘的旁边，种种防范和设备也是很好的；有救生船，有换衣处，因此玩水是没有什么危险而且是一桩很快乐的事情。我们中国人素来禁止小孩子玩水的，而且游泳的地方也一点没有设备，常常有许多危险，所以就以水为畏途了。要知道小孩子生来是喜欢玩水的。一鸣小的时候常常喜欢在水盆水缸里泼泼水洗洗水，有一天他拿了一只盛土的小杯子从水桶里装了水倒在花盆里。有时候我带他到池塘边去游玩，他就拿了石子丢在塘里以听石击水的声音。有时候我带了他到乡下去玩，他看见一个池塘，就要去玩水，我就让他去玩了，从以上看来，小孩子大概是喜欢玩水的。尤其喜欢野外的水，所以我们应当常常带小孩子到野外去玩玩。不过小孩子到野外去玩水时常有许多危险。去年七月里，我闻说有一个六岁大的小孩子，同他祖父到野外去玩。他沿路采了许多美丽的花,一只手拿了一根细长的竹竿,嘴里还唱着有腔没字的歌儿,同他祖父沿着河边走。他祖父是一个 60 多岁的人了,眼也花了,耳也聋了,一只手拿着旱烟管,还有一只手牵着一头水牛。后来他们俩走到桥的旁边,小孩子看见了几尾小鱼,就拿起竹竿来在水面上乱打。不知怎么一来,小孩子就跌到河里去了。他的祖父还没有看见;后来因为不看见小孩子,就四处寻找,可怜这个可爱的小孩子不到五分钟的功夫,就一命呜呼了。又有一个五六岁的小孩子同他母亲坐在池边一株杨柳树底下纳凉,他手里拿了许多小石,一块一块的丢在池里。后来他母亲看见了他的朋友就走过去谈话,小孩子一不当心也就跌在池里了。幸而他母亲发觉得早,所以小孩子得救起来。还有一个例子,也可以说明小孩子在野外玩水是很危险的。有两个小孩子同他们的父亲在野外耕田。最小的一个小孩子因为弄得生厌了,就到田边一个塘里去捉鱼。那里晓得这个塘是边浅中深的。所以这个小孩子一脚陷在塘里,再也爬不出来;后来被他哥哥看见,就一面口里嚷着一面飞也似的跑过去救了他起来。

讨论:我们中国现于游泳上的设备简直可以说没有,所以小孩子在野外去玩水实在是很危险的。即使去玩,做父母的应当极小心去看管他。不过在家里玩水是不要紧的。做父母的应当把清洁的水给他玩玩。或在面盆里或在水桶里,或在清而且浅的阴沟里、池塘里,做父母的应当让小孩子去玩玩,切不要禁止他。我常看见有许多做母亲的一看见小孩子在面盆里或脚盆里玩水,就去禁止他;倘使小孩子衣服弄湿了,就不论皂白使劲的在小孩子的屁股上乱打而且口里恶恶毒毒的骂他。由是小孩子就不敢玩水了。又有许多做父母的因为要阻止小孩子去玩水就造出种种可惊可怕的神话来,说水里有河水鬼的;河水鬼是很为变化的,有时候变为很大的鱼,有时候变为很大的鳖以引诱人去捉,倘使人们去捉他,就被他拖下去玩死了。又说:“日头空(即太阳)落山,河水鬼摆摊。”又说:“不但池塘江河里有河水鬼,就是牛脚迹空里的水也是有的。”小孩子智识简单,一听了他们的话,以后就不敢玩水了。小孩子在家里既然不能玩,在野外又不敢去玩,所以长大起来就完全不习水性了。倘使后来在海洋里或江河里碰到什么危险,那只好束手待毙了。我记得有一年,孟罗博士到苏州去。有一天,苏州学界人士陪博士游览风景,不料有一辆马车当过桥的时候偶不当心就跌倒了,马车中有一位女士竟掉落河里去了。一般同游的人都不会游泳的,河边站着许多兵士也不习水性的,所以只好眼看他溺死了。因此我就生了一种感想,倘使我们小的时候,大家玩玩水,稍会一点游泳,那么这位女士跌在河里就不会死了。即使他自己不会游泳,我们也可以救他了。那里知道我们小的时候都没有游泳过,只好瞪着眼看他在河里乱滚乱喊。你看这种事伤心不伤心?所以我说做父母的非但应当听小孩子在家里玩水,也应当带他们到野外去玩水,不过最好同他同玩而且要很当心的看看他,还要有良好的设备以防不测。

原则六:小孩子玩的玩物是要“活”的,不要“死”的

举例:玩物有“活”的,有“死”的。如书坊里所买的“活动影片”,名虽叫活动,其实是死的。儿童买了来,起初很高兴的,不过玩了几天就不要他了,因为他所变的花样总是那几套,一知道了,

那就没有什么兴味了。又如“六面图”这种玩具，大概小孩子玩了几次就学会了，而六面图既不能变出别的花样来，小孩子对于这种图的兴趣也就消减了。

真真活的玩物不是这样的，小孩子玩了不会容易生厌的；例如皮球、积木、溜板、毽子、风筝等物。世界各国的小孩子大概都喜欢皮球的，这是因为皮球是“活”的，小孩子拍拍他，他会跳起来；小孩子踢踢他，他会蹦起来；小孩子拍得愈重，他跳得愈高；小孩子踢得愈重，他蹦得愈远。无怪小孩子都喜欢他的。

至于积木呢？小孩子拿来可以造桥、砌屋、建塔、筑城、做床制桌等东西，所以小孩子也喜欢玩他的。

讨论：“六面图”虽然是近乎“死”的玩物，但他的方块也有别的用处，如小孩子常常把他当作积木用的。至于皮球呢？我们不能概括他说：凡是皮球都是好的。皮球有大有小，有硬些的，有软些的；有橡皮做的，有牛皮做的；有用脚踢的，有用手拍的。年幼的小孩子所喜欢玩的皮球，未必是年大的小孩子所喜欢的。皮球的种类既不一，我们不能详细备述，希望做父母的能照小孩子的需要选购适当的“活”皮球给他。

上边所举的几种玩物，不过作为例子罢了。但我们应当注意的就是要“活”的玩物不要“死”的玩物。所谓“活”的玩物就是变化很多的，小孩子玩了不容易生厌的；所谓“死”的玩物就是呆板的，不会变化的，小孩子一玩就要生厌的。

原则七:玩物的作用,不仅仅是博小孩子之欢心,乃是也要使他因此得着自动的机会

举例:我们中国街坊上出卖的玩物大抵只可博小孩子的欢心罢了。什么泥菩萨,什么纸灯笼,小孩子买了来只可以把他供在桌上,挂在墙上看看,不能十分去玩他。

讨论:玩物如豆囊、洋娃娃、黏土、沙泥等不但使小孩子得着无穷快乐,也可使小孩子发生许多动作,如小孩子得了洋娃娃就抱抱他,给他穿,给他食,同他游戏。从这些动作中,小孩子得了许多快乐、许多经验、许多知识。如黏土、泥沙等物,小孩子得了可以做各种玩物,作各种化装的游戏。总而言之,玩物不是给小孩子看看的,乃是要给他玩的;若是玩物不是可玩的,乃这个东西就不是玩物;若玩物可以激起小孩子的动作的,乃这个玩物就有价值了。所以我们可以说,玩物的作用,不仅博小孩子的欢心,也要使他发生许多动作,丰富他的经验,发展他的个性。

原则八:凡凶恶丑陋、不合卫生而有危险的玩物,一概不要给小孩子玩弄

举例:1. 有一个十来岁的儿童戴了一个凶恶丑陋的鬼面子跑来跑去,忽而来了一个三岁的小孩子看见了这个鬼怪吓得大哭,后来在晚上梦中惊慌号哭。

2. 有毛的猫狗是不卫生的。这种玩物是细菌寄托之所,发祥之地。这种玩物实在是危险得很。还有各种洋铅做的和泥做的玩物也是不合卫生的。洋铅做的玩物是有尖角利边的,小孩子玩了手里常要割出血来。泥做的玩物如泥人、泥狗、泥老虎等总着色的,小孩子玩了手里口里,常要染着颜色和泥土。

讨论:我们中国所有的玩物,泥做的和洋铅做的很多。这种玩物虽然极便宜,但是有危险的。就是竹做的玩物也时有不合卫生的。做父母的不可不慎选之。

原则九:小孩子应当有适当的地方以储藏他的所有物

举例:十一年十二月二十四日我替我的小孩子一鸣做了一个书架子。架子的下面有三个抽屉可以放玩物;架子的上面两格可以放书,最上面一格放别人的书,下面一格放他自己的书。譬方他把自己的书放在别人的格子里,我就对他说:"This is daddy's"(这是爸爸的),并指着下格说:"Put it here"(放在这里)。这样一来,可以养成他遵守秩序的观念。有的小孩子是没有的。他们放东西的地方是没有一定的;东也放放,西也放放,过了几日,这样东西就找不着了。宽仁有一样好的东西常常放在抽屉里,有时候放在墙洞里,有时候放在枕头的底下。到后来,这样东西不是弄糟就是不见了。

讨论:小孩子有适当的地方以储藏东西,其利有三:

1. 养成他的整齐习惯:有一定地方以藏物件,那么小孩子就不会乱摊了。东西不乱摊,就整齐而雅观。这种习惯一养成以后,做父母的即使叫他摊东西而他也不会乱摊了。

2. 养成他尊重他人的权利：我们中国的小孩子往往把父母兄弟的东西当作自己一样，要用去拿，不要用就随便一丢。他的父母兄弟要用的时候就没有了。这种是由于他们小的时候没有一定的地方以储藏他的东西。倘使有一定的储藏地方，他们就晓得人我之分，绝不会有这种行为的。有的小孩子常常把他们父母兄弟的东西移开，以放他自己的东西；有时候把自己的东西放在别人东西的上面，这种利己害人的行为，也是由于他自己没有一定地方以藏他们东西的缘故。

3. 不容易弄坏东西：东西乱摊是很容易弄坏的。要一样东西能够耐久而不坏，是必定要有一个适当的地方好好儿去保存起来。小孩子的东西也是这样的。有一个适当地方以储藏他的东西，要用的时候去拿来，不要用的时候去宝藏起来，东西自然不容易弄坏了。一鸣的东西能够耐久，宽仁的东西不能耐久，就是一个有储藏，一个没有储藏室的缘故。

原则十：小孩子的玩物应当合乎几种标准的

Ⅰ. 好的玩物：

1. 好的玩物是有变化而活动的，小孩子玩了不容易生厌的。这个标准在上面已经详细说过，现在从略不赘烦絮了。

2. 好的玩物是可以引起爱情的；如小娃娃猫狗之类。

讨论：在世界上恐怕没有一国小孩子不玩小娃娃的。我们中国小孩子在洋式娃娃未输入以前，或以枕头当娃娃；或以街上买来的泥人做囡囡玩弄。

这种模仿游戏于小孩子确有很大的益处。(1)可以发展小孩子的爱情;(2)可以学习缝纫洗濯之事。小孩子有了一个小娃娃,做母亲的可以教他做件衣服给小娃娃穿,并且可以教他洗洗衣服。

但是现在街坊上卖的洋娃娃或者是不坚固,一玩就弄破;或者是太贵,非普通家庭所能购买的。有一种洋袜做的小娃娃,做母亲的自己可以做的。他只要用一只新的袜子,塞以木棉,在面上用线做耳目口鼻等东西就是了。不但小娃娃是用袜子可以做的。就是各种动物也可以这样做的。

3. 好的玩物是可以激刺想像力和发展创造力的,如接木之类。

讨论:普通的玩物只能供人看看,不能玩弄的。我们所要的玩物是能够激刺想象力或创造力的。接木是一种很好的玩物,小孩子可以用他来作搭桥、砌屋、造庙、建寺等等游戏。

4. 好的玩物是质料优美、构造坚固、不易损坏的,如木类、橡皮类。

讨论:普通纸做的和泥做的玩物是不经用的。用木、橡皮、松香、竹等料做的比较得好一点,而做得不坚固仍是一玩就坏的。要知购买容易弄坏的玩物,一方面是不经济的;所以做父母的购买玩物的时候,不单单须顾到玩物的质料美不美,而且也须顾到构造得坚固不坚固。

5. 好的玩物能洗濯而颜色不变,形状不丑陋,足以发舒美感的;如松香做的玩具。

讨论:街上卖的泥老虎、泥人、鬼面子,等等,都是很丑陋、很危险的。泥老虎稍一受湿,小孩子就沾染了一手颜色,一个不留心,颜色就要沾染食物上去。你看这是何等危险呢?

关于好的玩物，我们已经略得地说过了，现在把坏的玩物也很简单地说一说。

Ⅱ. 坏的玩物：

1. 坏的玩物只能使小孩子旁观而不能玩弄的，如汽车、电车之类。这种玩物不能激发思想的，而且他们的动作也是很单调，不能支持小孩子的兴趣的。

2. 坏的玩物是要发生危险的，如洋铁做的摇铃、刀等。

有尖角利边的玩物不应买给小孩子玩弄以免危险。

3. 坏的玩物是不合卫生的；如有毛的猫狗之类。

有毛的玩物只可以作微生虫寄托的地方而无可玩的价值，做父母的千万不要买这种惟肖惟妙的玩物给小孩子玩弄，以重卫生。

4. 坏的玩物是嘈杂声音的，如泥做摇鼓冬。

5. 坏的玩物是质料薄弱，颜色丑陋而不能洗濯的，如纸人、泥狗之类。

总论：我们做父母的不要以爱子女之心太切，而对于玩物之优劣毫不加考虑；凡小孩子看见喜欢的就买给他玩弄。要知道玩物是有好有坏的；好的玩物固能激发思想，启迪知识，健强身体，培养美感的；但坏的玩物是要发生危险而束缚思想的。所以做父母的购买玩物的时候应慎重一些才好。

第七章　游戏就是工作，工作就是游戏

原则一：小孩子应有画图的机会

举例：一鸣还没有到两岁，我就给他画图的机会。我买了一盒颜色蜡笔和纸给他，叫他画画。当初他只能随便乱涂不成什么东西；但是他非常喜欢涂鸦的。在这个当儿，我是极注意他坐的姿势和执笔的姿势的，以免他养成坏的习惯。

到了两岁零几个月，他就能画成东西了，到了现在（三岁零九个月），他能画得有点意思了，而且在不知不觉之中已学会许多颜色的名字。下面的图是他画的。这个画图题目完全是他想出来的。

讨论：画图是一件很有教育价值的游戏。小孩子既可以因此发表他的思想又可以学得许多知识。从下面一张图看来，一鸣已能简单地发表他的简单思想了。你看这图中的小孩子戴了一顶帽子，穿了一件有袋的衣服在空野里放星鸢。图中又有天和大小乌鸦。

不但他能用图画来发表他的思想而且他学得以下的颜色（中文）：红、黄、绿、蓝、白、黑，（英文）：red, yellow, green, blue, white,

black，purple，orange。

近来我利用图画去教他中国字。我把他画的图画写起字来教他；如上面图中的几个字，就是我特意写上去教他的。我之所以教他学英文字的缘故，因为小的时候，学习方言比年大的时候，来得容易。

总而言之，画图在教育上的价值很大，凡小孩子应有画图的机会。

原则二:小孩子应有看图画的机会

举例:一鸣自从他能够翻阅书籍的时候,就喜欢看图画,他常常从书架子上,拿了几本书,坐在地上独自翻阅,最喜欢看马或人骑马的图画,这大概是因为他时常骑假马,或骑过一次真马的缘故。能够了解骑马的乐处;所以他也最喜欢看马的图画了。其次他也喜欢看汽车等会动的东西的图画,因为他看见过汽车的缘故。到了后来,他母亲常常用图画讲故事给他听。有时在晚上未睡以前,或天雨的时候,或无所事事的时候,他独自翻翻图画书籍以资消遣。

讨论:小孩子喜欢看画,可以说是他们的天性;不过做教师家长的,须好好指教他们的。当着看画的时候,小孩子的联想,可是非常的敏捷。譬如他们看见了汽车,就会"嘲"——"嘲"的叫,看见了马和马车,就会"矮"——"矮"的喊。对于各种他们所晓得的东西,或是对于很可发笑的动物的形状,如"沐猴衣冠"之类,及人类古怪的形状,如大头矮身各种滑稽的态度,他们一定是最喜欢看的。然小孩子有许多画图是不十分注意的。凡小孩子没有看见过的及不容易推想的东西是不大喜欢看的;例如一鸣小的时候,在未曾看见过船之先,不十分注意关于船的图画,但后来,看见过船及坐船之后,就很喜欢看船的图画了。

对于普通男女成人的照片,因为他们现在与小孩子不发生什么关系,引不起什么兴趣,所以小孩子也不十分高兴去看。对于自然界的风景,恐怕因为小孩子没有多大审美的能力,所以不欢喜观什么风景画片。对于各种建筑的图画，小孩子也不大愿意看，这恐是缺少经验，和赏鉴能力的缘故。然而小孩子对于各种照片，尤其是他们亲属的，是非常欢喜看，而且是引为奇怪的。所以看画这件事，于小孩子实在有许多的利益包含着：一则可以提高鉴赏美术的能力，二则可以陶养优美的情绪，三则可以养成独自消遣的习惯。各幼稚园里及家庭中，对于小孩子“看画”的动作，是不可忽视的。

原则三：小孩子应有剪图的机会

举例：一鸣还没到两岁的时候，我就给他剪图的机会。我先剪给他看，他一看见我剪也就要剪剪看，我遂让他剪。那时他不能剪出什么东西来，不过把纸头剪剪开就是了。到了三岁光景的时候，他很喜欢把书中的图画剪下来；剪下后，用浆糊把图画贴在簿子上。此时他的手筋还没有十分发展，所以不能把图画剪得很齐很好。

不过一到了三岁零九个月的时候，他就能剪得很齐整了。从前他总是剪不好的，比方他要剪一个人图下来，常把人的头剪掉了一半，或把人的脚剪去了一点。到了现在他居然能依图画的外边把图画一张一张地剪下来了。

讨论：这种剪图的动作对于小孩子有许多好处：(1)养成独自消遣的好习惯。平常小孩子在家里没有事体做的时候，就要“噪闹”。做父母的不明了小孩子好动的心理，就不想想法子去利用他的时间以施行良好的教育，反而消极的禁止他“噪闹”。“噪闹”固然不好，须绝对禁止的，但他之所以噪闹者因为没有别的东西可以玩的缘故。做父母的不知道这一点，一味地禁止他喧哗，到了后来，小孩子就要委靡不振而没有活泼的气象了。倘使做父母的教以剪纸剪图，他就不会无谓地“噪闹”，而且可以独自消遣，不会缠绕别人了。

（2）练习手筋。小孩子的手筋是要练习的，虽然我们不应叫他做很精细的工作如写字、缝纫等类，但剪图不是难做的事体，况且我们并不强迫他剪得很好。他喜欢这样剪就这样剪；他能够那样剪就那样剪；完全凭他的能力，任他所欲，毫不勉强的。然而无形之中，他的手筋慢慢儿好起来了。

原则四：小孩子应有剪纸的机会

举例：现在有许多幼稚园里的教师，都知道教幼稚生，用各种纸类裁剪各种东西的。我有一天到某师范的幼稚园里去参观，见一个女教师，正在那里教幼稚生剪纸。许多幼稚生颇能剪裁各种东西，很是敏捷，而且不觉得疲乏。又我的小孩一鸣，有天从幼稚园里回来，在他底夹袋里，拿出一张纸来给我看，很像一只初生的小羔羊，我就问他，这个是什么？他笑嘻嘻地对我说“一只羊”。

讨论：“剪纸”这件事，在我国从前的学塾里大家不许小孩子去做的；即在晚近风气不开的乡曲学校里，做教师的也没有知道“剪纸”在教育上，究竟有什么价值。我们大概都知道儿童是好动的，也是喜欢模仿的，所以最好教以“剪纸”的游戏：一可以使他模仿各式各样的人物，表现他的意思；二可以利用“剪纸”的动作，在无形中练习精细、忍耐、敏捷、沉静诸美德；所以这虽也是一种游戏，于教育上也是很有关系的。

原则五:小孩子应有着色的机会

举例:1. 南星拿了一本国文教科书独自静悄悄地在房间里用颜色蜡笔,把书中的图画一个一个地着起色来;把草着了青色,把天着了蓝色,把人也着了各种相当的颜色。

2. 一鸣到了现在(三岁七个月)也能着色了,不过着得不大好。但是在这里我就有机会教他了。我有时坐在他的旁边看他着色。他不会着的时候,我就告诉他怎样着;他不知道颜色名字的时候,我就教他是什么颜色。有时他独自着色。这样,他在无形中学习许多颜色的名字,也慢慢儿能够着色了。

讨论:着色和剪图有同样的功用,不过着色比剪图稍微难一点;但是小孩子到了三岁半的时候,就可以开始做了。

原则六:小孩子应有穿珠的机会

举例:有某幼稚园里的教师,时常教许多幼稚生穿各色的珠儿,许多幼稚生,对于这件工作,却觉得甚有兴味,不感受疲乏。教师在这个当儿,便把各种颜色的变化,在无意中指导他,所以在这个幼稚园的幼稚生,对于颜色的辨别,手眼的敏捷,是比较其他小孩子优胜得多了。珠子大概分两种:(1)木做的,(2)玻璃做的,木做的不若玻璃做的来得好。

讨论:练习穿珠,虽是游戏的动作,却有教育的作用,包含在内的。一方面小孩子可以认识红黄蓝白各种颜色,一方面使小孩子得着快乐,藉资消遣;至于练习手筋,尤其余事了。

原则七:小孩子应有锤击的机会

举例:一鸣两岁多一点的时候,我就给他一个小锤子,一块木板和许多大钉头,教他敲击钉头。他居然能够把钉头敲得牢了,不过有时候因为他的手筋尚未发展得灵敏,他敲了自己手里。这是偶一为之,我仍旧用种种方法使他喜欢敲击。

讨论:小孩子好动的。锤击是一种好的运动。他很喜欢把钉头一根一根地敲在木板上;敲好之后,把钉头拔出来,他再把钉头一根一根地敲进去。这样,他就可以玩弄许多功夫。

原则八:小孩子应有灌花的机会

举例:一鸣一岁零九个月的时候,我就买了一个小灌花壶给他。他起初看见别人灌花,他也要试试看,但是做得不甚好。到了三岁的时候,他就能灌得甚好了,并且他自己就很爱护花卉,也不准别人随便摧残的。

讨论:小孩子若没有受过教育,见花卉就任意乱采。若从小就教他爱护花卉,那长来也必爱护花卉的。这是灌花的第一好处。小孩子对于花木本是不知道的,现在若我们教他天天灌水,他就慢慢儿晓得花木一天一天地能长大起来的，也晓得花木必须依赖水而生活的。这种知识是可从灌花动作得来的。这是灌花的第二个好处。小孩子灌花的时候，我们可以教他花卉的颜色和花卉的名字以及花卉的结构。这是灌花的第三个好处。从这三种好处看来，灌花确是一种很好的动作，做父母的岂可不注意呢？

原则九：小孩子应有塑泥的机会

举例：一鸣有一天在厨房里拿一点粉团来给我看，我就暗示他说："你去做一只狗，做一只鸭，做一只鸡。"他就把粉团来玩弄，一息儿就拿来给我看，并且对我说："人。"从前在我的村中，有一个小孩子席珍，很欢喜把污泥取来，在大石上再三的摘掷，塑成数种人物的形态，而后再施以各种的色彩，非常相像。

讨论：我看见有许多做母亲的，对于小孩子做"塑泥"的事情，必是绝对禁止的。以为小孩子戏污泥，一则污及身上的衣服，二则荒废读书的时间，是很不相宜的事情。然这种观念，可是错了。小孩子能泥塑各种的人物，可以养成他们创造的精神，提起他们的兴趣，忘却许多恶劣的感想。他们做成一种人物，而且可以使他们应用色彩，适合于人物的各种地位，加以点缀，这大可增加他们想象的能力；所以小孩子"塑泥"的游戏，在做父母的，不但不可禁止他们，简直非积极提倡不可呢！

原则十：小孩子应有玩沙的机会

举例：我今天在野外游玩，看见一群小孩子在沙滩上玩耍。大家都赤着脚，在沙上滑来滑去，或者互相拉倒在沙滩上，相与玩笑。其中比较智慧的孩子，更把沙泥堆积起来，做成坟墓的样子，或则在沙滩上用竹杆划成几条线痕，表示河流的状态。他们在沙滩上玩耍，非常高兴，简直连饭都不要吃了。又我常带了一鸣到乡下去散步，他看见那边筑屋用的一堆泥沙，就去玩弄，玩了好久，还不肯回去。从上看来，小孩子是欢喜以泥沙为戏的。

讨论：戏泥玩沙，是小孩子喜欢做的。我们正可利用泥沙实地去教授小孩子。从前我们替小孩子讲故事，往往没有各种实物的材料，可以加强小孩子的记忆。费烈斯（Zillie A. Faris）以为替小孩子讲解的时候，除应用黑板外，最好是利用沙台（sand-table）作讲解时的帮助。有了沙台，则教授功课或故事的时候，可以划成种种具体的形状，在小孩子的心理，格外可以得着更深刻的印象。氏又以为沙台的主要用法，就是在教授地理的时候，做教师的可以把本地的山脉河流，重要的城池，画在沙台上，实地替小孩子指说，一定可以引起他们的注意的。这不独是在小孩子可以应用，即在替成人说故事的时候，也可以利用的。现在凡没有沙台的学校，简直不能算完全的组织了。惟太细的沙，是不适用的，我们普通总是用黄沙，置在台上，作种种地图，或摆出种种历史上的古迹的所在，加强小孩子的记忆。做教师的，要使小孩子明了沙台的作用，并不是玩弄的东西。小孩子要能自己摆出山脉河流的形势，而无须教师的指导；所以“玩沙”这件事，在游戏之中，而实含有教育上的作用的，我们万不可把他忽视过去。

总结：上面所说的几种动作：画图、看图、剪图、剪纸、着色、穿珠、锤击、灌花、塑泥、玩沙等等与小孩子心身之发展是有密切关系的。这些动作小孩子大概都喜欢玩的。做父母的正可以这种动作去施行优良的教育。

我们都知道小孩子好动的，倘若没有适当的东西可以玩弄，那就要吵要闹，要做出不正当的事体来了，若不吵不闹，那就要委靡不振，失却最可爱的一种活泼精神了。小孩子若有以上所说的动作机会，一方面可以独自消遣，得到很好的经验；一方面可以不致缠绕别人，于小孩子于父母都有莫大的好处，我们做父母的对于这些动作岂可不加注意呢？

第八章　小孩子为什么怕的为什么哭的

原则一：做父母的切不可暗示小孩子使他发生惧怕

举例1：有一日，黑云密布，猛风骤起，雷电交作的时候，某小孩子的母亲见之遂关闭窗户惊慌失措，并且吓他的小孩子说："不可作声！雷公要来了！快到这里来躲着。"这小孩子看见他母亲这样惶恐，也就惊慌起来，后来一听见雷声就惧怕异常。

讨论：从遗传方面说来，有的小孩子生来怕雷电的，有的小孩子生来喜欢听雷鸣看电闪的。但我们中国的小孩子不怕雷电的可以说很少，推其原因，大概由父母自己惧怕雷电的缘故。如上边所说的，因为看见他的母亲听见动雷显出那种惊慌的样子，也就惶恐起来。倘使那位母亲在那时候一点儿不惧怕并且显出快乐的样子；那么，这个小孩子也就喜欢听动雷看电闪了。所以做父母的对于雷电等天然现象不要自己显出惧怕的样子以引起小孩子的惊慌。

举例2：有一天，乌云聚集、雷电交作的时候，我的妻子抱了一鸣（此时他有84星期大了）到露台上，用手指着闪电对他说："你看！"你看他就看闪电，也用手指着显出很快乐的样子，毫不惧怕。

到了他两岁多点的时候，凡一动雷，我就带他出去，站在屋檐之下看看天上庄严的云彩，美丽的闪电，并指着云对他说："这里像一座山，那里像一只狗，这是狗的尾巴，那是狗的耳朵。"又指着闪电对他说："这闪电像一条带，多少好看！"因我这样对他说，他也就很快乐看电看云。

讨论：乌云雷电本是可爱的天然现象，为什么反以为可怕呢？我们做父母的再不要存雷公要打人的迷信以恫吓小孩子，使小孩子不但不能欣赏美丽的景象，而且一见就要惊慌万分、不堪自持了。

举例3：我同一鸣（一岁零十个月）在草地上游玩的时候，他看见一只大蟾蜍就举起手来向着后退，并且喊叫说："咬！咬！"我走过去，在地上拾了一根棒头轻轻地去刺着那只蟾蜍说："蟾蜍你好吗？"后来他拿了我的棒头也去刺刺看，但是一触就缩回，仍显出怕的样子，但比当初好得多了。

讨论：我常常看见做父母的禁止他们的小孩子去玩弄动物如田鸡、蚯蚓之类。其实这种动物是不会伤人的，小孩子同他们玩弄就晓得他们的生活状况，所以不但我们不应该禁止小孩子去玩弄他们，而且不要暗示小孩子使他对于动物发生惧怕。上边所举的，是暗示小孩子不怕动物的一个好方法。

举例4：有一天，我带一鸣（一岁零三个月）到东大附小去看小学生做戏，做戏的小学生们共有三百多人，戏做得很好，观戏的人大家都鼓掌。在这个当儿，小孩子应当发生惧怕。但我一抱一鸣进门，就笑嘻嘻地对他说："你看这里许多小孩子。"后来看见小孩子要鼓掌的时候，我就对他说："我们也来拍掌。"他一听见小孩子拍掌，也就欢欢喜喜地鼓起掌来。

讨论:小孩子看见这许多人大概要惊慌,不过我预先同他说明并且一看见这些小孩子们,我就笑嘻嘻地叫他注意,后来我看见小孩子要齐声鼓掌的时候,就立刻叫他先拍掌使他看见别人鼓掌不致惊吓了。

总结:小孩子的许多惧怕,大部分是由父母的暗示养成的。做父母的自己怕这样,怕那样;那里还希望他们的小孩胆大呢。小孩子固是很容易受人暗示的。惧怕性的暗示可以使小孩子发生惧怕;但反惧怕性的暗示可以使小孩子打消惧怕。所以我们做父母的应当怎样慎重我们自己的行为和言语,使我们的小孩子不致胆小如鼠的样子。

原则二:小孩子的惧怕有时要迁移的,所以我们做父母的要格外当心使小孩子不致发生惧怕

举例:1. 一鸣到了一岁零三个月的时候,他母亲用黑墨涂在乳头上,要断他的奶;他看了黑乳头,就不要吃奶了。后来给他吃素来所喜欢吃的葡萄饼干,他看见饼里有黑的葡萄就怕,也不要吃,但把葡萄取出,他就要吃了。过了几天,给他一块外国的黑糖,他看见他是黑的,就不要吃;又过了一个星期,他看见桂圆的黑核就有点害怕。

2. 有一个两岁的小孩子本来不怕猫狗等动物的。有一日,他父亲带他去望望他的姨妈,不料一进了墙门,有一只凶狗,飞也似跑出来对着他们汪汪地狂叫。这个小孩子就吓得大哭。后来他一见狗会怕,即看见猫也有点怕了。

讨论：小孩子的惧怕是要迁移的。假使不会迁移，那小孩子对于某物或某事，不致牵连到别物或别事了，而他所怕的事物就少了。但事实不是如此的。小孩子怕这只马也怕那只马的，不但怕那只马而且也要怕同马类似的动物如驴、牛的。所以做父母的要格外当心使小孩子不致发生惊慌。

原则三：不要以“父亲”的名义来恐吓小孩子

举例：有许多做母亲的或“用人”，因为要禁止小孩子不要做一件事，就以父亲的名义来恐吓他，如小孩子玩弄碗碟杯盘等东西，做母亲的恐怕他弄破打碎，就吓他说：“爸爸来了！快些放下来！”有时候因为小孩子不肯穿衣服穿鞋子，有时候因为小孩子吃饭要吵就对他说：“爸爸来打了！”小孩子恐怕父亲来打他骂他，只好唯母命是从了。还有许多做母亲的或“用人”因为要强迫小孩子做这件事或那件事，也常常以父亲的名义来恐吓他；如叫小孩子拾一样东西，小孩子不高兴去拾，那做母亲的或“用人”就吓他说：“你爸爸来了！”又如小孩子不肯到幼稚园里去读书，做母亲的因为要迫他去，也常常以这种方法来对待他。其他诸例，实更仆难数，只好略而不举了。以这种方法对待小孩子是很不对的。小孩子虽然不敢做，或不得已去做，但是他的心是很不高兴的。所以做母亲的或“用人”最好使得小孩子高兴去做；而且要使得小孩子明了做这件事的缘故。一鸣有一天，因为天气很冷，不愿意穿大衣；我对他说你要像你邻舍小朋友穿得一样好看，他不肯。后来我对他说：“I put on the coat on you, and you will look like a general。”（我替你穿衣服;穿好了,你就像一个将军了。)他就穿了。他平日很喜欢看兵和学兵的,尤其喜欢学做将军的;所以今天我利用这种心理去达到穿大衣的目的,否则他必定不肯穿了。如果你逼他穿,那么就违反他的志愿了。又有一天,我们到外边去举行野外聚餐的时候,他要别人抱了去;后来他母亲对他说:“You are a brave boy;you are a boy-scout。”(你是勇敢的小孩子,你是童子军。)他听见这种话,就高兴的自己走了。我有一次给他一个泥塑的狮子,他拿了去就在石板上敲敲。我对他说:“这个狮子是泥做的,很容易弄破的,你不要去敲他。”他就听我的话立刻不敲了。

讨论:做母亲的或“用人”以父亲底名义去吓小孩子的缘故,是因为小孩子一听见了父亲,恐怕父亲去打他或骂他,就不敢做这件事或不得不做这件事了;倘使去劝告小孩子,或以自己的名义去禁止小孩子,那小孩子未必肯听。做母亲的或“用人”因为小孩子以恐慌而支配他的动作,来得容易,所以就用这种方法来对待他。其实这种方法是很不对的。小孩子因为恐怕而不敢做或不得不做,但是他的心里是很不高兴的,而且以后对他父亲真如小鬼对阎罗王一般,父子间的感情就从此没有了。所以以父亲的名义去吓小孩子,简直可以说是离间他们父子,是很不应当的。做母亲的或“用人”应当以劝告或鼓励的方法去对待小孩子,使他高兴去做。如一鸣有一天,在吃饭间画图画。画好了有许多碎纸丢在地上,我就叫他拾起来,他不回答也不去拾。后来他母亲对他说:“一鸣,你拾起来,爸爸给你一个金星。”他就拾了。我们新近有一种鼓励的方法,就是一天之中,做事做得好,我们给他一个金星,做得不好就没有。并且把他所得的金星,贴在一本簿子上,使他可以时常看看。将来年纪大的时候,就可以当作日记簿以养成时间的观念,而且鼓励他做好的事情。这种用金星来鼓励儿童是教育家用得很有成效的，如施多纳尔（S. Stoner Winifred）教训他的女儿，曾用这种方法。所以我希望做母亲的或“用人”也应当以这种方法来鼓励小孩子，不要以父亲的名义去恐吓他。

原则四：小孩子发生惊慌时，须要慎防其他重大的声响，免增他的惊慌

举例：一鸣（那时一岁零九个月）有一天不愿意洗澡，我们勉强他洗了一个澡，因此他哭得很利害。洗好了，他母亲抱他出去，不料被门口一壶热水绊了一跤，就不觉大声喊了起来。一鸣虽然没有受伤，不过也大哭起来。那时候，有人在客堂里加炉煤，他听见加煤的声音就要格外惊骇。

讨论：声音是最容易引起小孩子的惧怕，平常快乐的时候，骤然发生的声音能使小孩子胆怯，况小孩子正在受惊的时候而听见外来的声音呢？所以小孩子受惊的时候，我们一方面要把那时候所有的响声暂时停止，一方面要叫人静默不作别的声音；否则，他就要格外惊慌了。

原则五：小孩子常常哭泣是不好的，我们应当设法把他免除才好

举例：（1）有许多小孩子醒来的时候是不哭的，如我的女儿“秀

雅”是；但是有许多是要哭的，如一鸣是。一鸣有一天早晨，醒来就大哭；我去抱他，他不要；他的祖母去抱他，他也不要；后来他母亲来了，一抱了他，他就不哭了。这种哭是因为醒来拣人吃奶的缘故。所以他母亲一去抱他，他就不哭了。至于普通醒来哭的原因，大概是因为没有人在他旁边的缘故。做母亲的或“用人”应当在他将醒的时候，在旁边看着。等他一醒来就去招呼他，并且同他说几句亲爱的话，那他就不会哭了。

（2）小孩子下身湿的时候，也是要哭的。做母亲的看见他尿粪撒出了，就立刻将他的尿布换去。所以我们当小孩子哭的时候就应当看察他的下身湿不湿。

（3）换尿布的时候，大多数小孩子是要哭的。我们未换以前或正换的时候，应当把美丽的玩物给他玩，使他忘记换尿布的事情。

（4）小孩子冷热过度或肚里饥渴的时候是要哭的。一鸣小的时候，要吃就哭，倘使给他，他就不哭了。所以做母亲的或“用人”须常常留心这种地方。冷则加衣，热则脱去，渴则饮之，饥则食之：这样一来，他就不会哭了。不过我们不要随便随时喂他，使他饮食没有节制，没有定时。

（5）疲乏的时候，他要哭的，我们当他哭的时候就唱眠儿歌给他听使他睡去。倘使他因为坐得疲倦，那么我们抱他玩玩；倘使他睡得太久，那么去扶他坐坐。一鸣生出后，在摇篮里睡着要人抱他的时候，他只能哭哭而且手足乱敲乱踢。到了第九个月的时候，若没有人去抱他，他仍旧在小床上哭哭；不过一看见人来，就伸手向他，表示要抱的意思，此地可以证明小孩子在床上睡得太多的时候是要哭的。总之，做父母的随机而行就是了。

（6）小孩子在家里住得太气闷的时候，也是要哭的。倘使为了这个缘故,我们就立刻抱他到门外或旷野里去玩玩。如一鸣有一天在房里不住的哭着,我们也莫名其妙,后来我不得已抱他到外面去,他就不哭了。

(7)小孩子若忽然受了惊慌也是要哭的,如看见一匹很大的马或一只很凶猛的狗,就要大哭起来。做父母的最好预先将这种马或狗赶开,不要使他惊慌;如果他已经受惊而哭了,那应当去安慰他。也有许多小孩子看见陌生人是要哭的。一鸣有一天看见一位陌生的客人,就低着头偷着眼看,看了一歇,就放声大哭了。做父母的在这个当儿应当预先将这位陌生的客人介绍他,并对他说:“诺!诺!某先生来了。”如果不是来客而是路人,也应当用种种方法使他不要惊慌。

讨论:哭是痛苦的一种表示。不论大小人决不会无故而哭的。当小孩子哭的时候,做父母的就应该去推求他哭的原因和止哭的方法,饥则为之食,寒则为之衣,疲乏劳苦则使之愉快,总之小孩子哭的原因不一,做父母的止哭的方法亦随机而变罢了。倘能阻患于未然,弭哭于未形,那就好了。常有许多做父母的不知道推求小孩子哭的原因,一听见他哭就去抱他摇他。小孩子觉得抱摇的舒服,以后就常要人抱摇。那时候,做母亲的就要吃苦了。

原则六:小孩子疲倦了或是要哭的或是容易发脾气的

举例:1. 小孩子当疲倦的时候,常常要吵的。一鸣有一天,傍晚的时候,尽管吵而且哭,我给他许多玩具,他不要;后来我去抱他,他就不哭了。这种吵和哭,是因为他疲倦的缘故。

2. 小孩子疲倦的时候，即使不吵，也不高兴做事情的。静波四岁的时候，他终日要卧在床上。有好的东西给他玩玩，或好的图画给他看看，他都推开不要。静波的性情是很驯良的，所以他不吵也不哭，但是他就不高兴去做事情了。

3. 小孩子生病的时候，也是常常要哭的，而且很容易发怒，有时候还要发生恐慌。爱菊病的时候，时时要哭，看见陌生人，或听到重的声音，他的头就钻在他母亲的怀里，不敢朝外面看，倘使硬要他看，他就要哭起来了。一鸣自生后第 41 个星期的时候，有一天，他生病了，时时要哭，不欢喜玩要各种玩物。后来他病一减轻就要玩了。

讨论：大凡一个小孩子决不会无故而哭而吵，而不要东西的。等到他要哭要吵，而且不喜欢做事情，那么他必定有什么缘故了。所以做父母的遇到这个时候，就应当很细心的去体察他。他的身体疲倦呢？还是他有病呢？如果他疲倦，那么应当立刻去抱他；倘使他身体生病，那么应当立刻去见医生。总而言之，做父母的应当用种种方法以除去小孩子不舒服的原因。有许多做父母的，不明白小孩子哭的原因，一看见小孩子哭；不是去吓他，就是去骂他；有时候骂得不够，还要去打他。可怜的小孩子身体既不舒服而又受他父母的打骂，这岂不是很冤枉的一桩事吗？成人身体不舒服，还可以诉诉苦，形同哑子的小孩子，那里会说话呢？除掉以哭或吵来表示苦楚以外，就没有别的方法了。所以哭或吵有时是小孩子身体疲倦或有病的表示，做父母的看见小孩子这种情形应当很要注意他的。

原则七：小孩子以哭来要挟的时候，做父母的应当绝对的拒绝他

举例：有许多小孩子要东西的时候，常常以哭来表示的。做父母的因为他哭，所以就去拿来给他。从此以后，他要东西，嘴里不说要，竟以哭来要挟了。又有许多小孩子因为“所求不遂”就以哭泣来要挟他的父母。一个小孩子看见他母亲盛了一碗鸡蛋去请客，他要求他母亲给他。他母亲给他一个，他不肯，一定要完全给他。他母亲不答应，他就在客人面前大哭起来了。后来客人不好意思只好不吃。小孩子这种脾气是由他父母平时纵容成功的。倘使小孩子平时以哭来要挟的时候，他父母就去拒绝他，那他今日恐怕也不会有这种样子了。我们一鸣有时候也是以哭来要挟的。有一天，我同他玩秋千。后来我们要吃饭了，我就对他说：“要吃饭了，饭吃了以后再玩。”他一定不肯，始则求我，求之不得，继之以哭，哭得不够就睡在秋千架上撒野了。又有一天，在吃饭以前，他要吃糖，他祖母去拿了一颗来给他，我不答应不许他吃，他就睡在地上大哭。我们也不去睬他，他要哭就让他去哭，他要撒蛮就让他去撒蛮。后来他无法可施，只得不哭了。

讨论：小孩子对于环境的动作，常常有许多变化的。做父母的切不可一一去允许他。可以允许的，就允许他；如不可以的，那么应当毅然拒绝他。如果不论可否一听见小孩子哭，就立刻去应许他，那他以后就要以哭为惯技了。做父母的也未尝不恨小孩子以哭来要挟的行为，因为哭声刺耳，实在难过，所以不得已去屈从他

的要求。其实小孩子稍会哭哭是不要紧的。他“一哭不遂”,以后就不会再哭了。以哭来要挟是小孩子的惯技,非但不雅观,而且是不好的习惯,所以做父母的应当毅然拒绝他的。

原则八:当小孩子不高兴的时候,做父母的或“用人”不应当去暗示他哭

举例:有许多做父母的一看见小孩子轻轻的跌了一跤,就很慌忙的跑过去对他说:“啊哟!我的囝囝可怜呀!跌死了!”小孩子本来是不哭的,也没有什么痛的,因为他父母这样说,就引起他的悲感,放声大哭起来了。我们对待一鸣不是这样的。他有一天玩弄他的一辆三轮小车的时候,偶不经心,车子倒了,他就跌倒了。我们并没有对他说什么,他也慢慢的爬起来,说:“汽车倒翻哉。”过了一天,他又连车跌倒了,他爬起来也一点不哭。

讨论:小孩子跌倒,要让他自己爬起来,不要去引他哭。若是他跌得并不利害,我们就叫他自己起来,对他说“很好,很好”,“起来,不要紧,不要紧”。倘使他跌得利害,我们也只要说“不要紧”,回去替他洗洗敷点药就完事了。何必大惊小怪,使他也恐慌起来呢?一鸣从小受了这种教育,所以他跌一跤,非但不哭,而且自己爬起来说许多发笑的话。至于小孩子打破东西的时候,做父母的也不应当去责骂他使他哭。因为小孩子在这个当儿,自己本来已经觉得不好意思要哭的。倘使做父母的因此而去骂他,那他就引起他的悲感,不哭也哭了。我常看见有许多小孩子本来是不时常哭的,因为父母常常去逼他哭或暗示他哭,以后就常常要哭了。小

孩子常哭,不但使闻者生厌,就是于小孩子的身心都有妨害的,那么做父母的何苦常常去引诱他哭呢?

总结:小孩子忽而笑忽而哭,是很容易感受外界刺激的。我们做父母的须要支配他的环境,使他所接触的环境,都可增加他的快乐,而减少他的痛苦的,物质环境中除了饮食之外能够使他快乐的恐怕要算音乐了。音乐能陶冶性情,增进快乐,实为家庭中最不可缺少之物。

至于小孩子的胆大不大,勇敢不勇敢,大概要看做父母的怎样教的。做父母的自己怕这样,怕那样,那里能望小孩子勇敢呢?若要小孩子胆大,一方面做父母的要以身作则,一方面要施行良好教育,以打消小孩子已有的惧怕和避免未来的惊吓。

第九章 做父母的要以身作则

原则一:做父母的待子女要公平

举例1:云天有两个儿子,一个叫作大郎,一个叫作小郎。大郎容貌美丽,好像玫瑰花儿一样;小郎面目瘦黄,没有像大郎的丽都。云天和他的夫人因为大郎好看,小郎难看,所以很爱大郎而憎小郎。有好的食物,他们俩总给大郎多一点,小郎少一点;有好的衣服,他们俩总给大郎穿而不给小郎穿。以为小郎面貌瘦黄,穿起美丽的衣服来是不相称的。小郎一方面恨他的父母,一方面妒他的哥哥,而他的哥哥因为他妒忌他,所以也非常恨他。因此渐渐儿父子如路人,兄弟如仇敌,家庭里吵嘴打架,没有三天会安静的。

举例2:还有一个农夫,因为大儿子资质聪明,会读书,所以喜欢他;小儿子资质鲁钝,不会读书,就不喜欢他。大儿子恃宠,小儿子失宠,所以兄弟里面,常常有吵嘴打架的事情。有时候明明大儿子过分,而他的父母竟说他好;小儿子明明吃他哥哥亏,而父母竟说他不好,有时候还要打他骂他。小儿子既然受了这种不平的待遇,愈加怨父母而恨哥哥了。近来我听见这个小孩子已经脱离家庭,不知跑到那里去了。

化装游戏

小孩子到四五岁的时
候，很高兴做化装游戏。

像这个小孩子戴了一顶“纸帽
子”，涂了一脸粉，拿了一根棒，系
了一串须，化装了一个老公公
在家里走来走去以自取乐。

这种烂漫的天真
实一生不可多得

举例3:邻人某,有四个儿子。他自己总爱他的大儿子,但他妻子爱小儿子的。

讨论:“人之爱子,罕亦能均,自古及今,此弊多矣。”推原父母偏爱偏憎子女的缘故,概由于容貌与资质的关系。大抵容貌妍者,父母爱之;容貌媸者,父母恶之;资质灵敏者,父母宠之;资质愚鲁者,父母憎之。因爱憎的缘故就生出不平的待遇来了。须知子女既同自己出,待遇自应当公平,贤俊者固可赏爱,顽鲁者亦当矜怜,断不能以面貌的妍媸、资质的敏钝,就分出爱憎来,就做出不平的待遇来。我们常常看见做父母的偏爱子女,适足以害子女。共叔的死,母实为之;赵王的亡,父实致之;刘表的倾宗覆族,袁绍的国破兵亡,都由他们父母偏爱他们的缘故。所以做父母的,真正要宠爱子女,不应当偏爱子女,不应当偏憎子女,须以公平正直的手段对待子女。

原则二:对于教育小孩子,做父母的应当在小孩子面前取同一态度

举例:小孩子不应当多吃肉,但是做母亲的往往不明了这一点,以为小孩子多吃肉身体多强健。有一天,有一位父亲看见他三岁的小孩子喜欢吃肉而且吃得很多,就对他妻子说:“小孩子不宜多吃肉,因为肉多脂肪和蛋白质,小孩子胃力弱,不容易消化的,以后请你不要给他多吃。”他妻子听了这些话,极不以为然,而且对他丈夫说:“什么脂肪不脂肪,小孩子吃肉是顶好的事体;不吃肉,那里会壮起来。”他一面说一面再拿肉来给他小孩子吃。他丈夫看得

眼里出火,就跑过去把小孩子所吃的肉夺去。小孩子因此就大哭起来,而他的妻子也恨恨地骂起来了。

讨论:小孩子固然不宜多吃肉,但是做父亲的不宜在小孩子面前对他妻子说这些话;后来他妻子拿肉给小孩子吃,他尤不应当恨恨地跑过去夺肉。而他妻子的行为尤未见得对;他既不知道肉的性质如何,又不管小孩子的胃力如何,只一味溺爱他的小孩子,把肉给他吃;后来他丈夫把肉夺去了,他又哭骂起来,这种行为实在坏了。要知道小孩子知识薄弱,以父母之言为言,以父母之意为意;现在你们俩自已意见不对,互相吵嘴,那么使得小孩子"无所适从"了。吃吗?就得罪了父亲;不吃吗?那么得罪了母亲;小孩子在这个当儿,真所谓"处于两大之间,难以为人"了。做父母教训子女,不能使子女有所适从,这就算不得教育了。那么做父母的在这个时候,应当怎样呢?做父亲的,看见他小孩子已经吃肉了,就不要去说他,等小孩子吃好出去的时候,再好好的对他妻子说以后不要多把肉给他吃;做母亲的既然听了他丈夫的话,就应当好好儿劝小孩子不要多吃。这样一来,那么小孩子就能够听他们的话了。须知在小孩子面前,做父母的大家意见不合,不特使小孩子无所适从,而且或者也引起他轻视父母之心,所以对于教育小孩子,做父母的不应当在小孩子面前取不同一的态度。

原则三:做父母的对待子女应当有相当的礼貌

举例:叶逊有一天,对他儿子说:"你到你小婶家里去把一张八仙桌背来!"说的时候真是声色俱厉,好像专制时代的主人们对待他们的奴隶一样。他的儿子因为迫于父命不敢不去;但是他的心里是很不高兴的,所以一路走一路咕哩咕噜的念着,一直念到他婶娘的家里。后来被他婶娘听见了,他很奇怪的问他说:“你骂谁?为什么好好儿去骂别人家呢?”他就将他父亲的话说给他听,并且说:“叫我背桌子就叫背就是了,何必凶巴巴的来骂我呢?”他婶娘竭力的安慰他一番而且劝他不要生气。后来他将这张桌子背回家去,他父亲仍旧很严厉的对他说:“背到楼上去!”可怜这个儿子只好将桌子背到楼上去,但是已经“泣不可抑”了。美国受过高等教育的人对待子女不是这样的,是很有礼貌的。我初到美国的时候,去拜望我的先生某教授。他有一张相片是照得很好的,他就对他的女儿说:“请你到寝室里去把梳妆桌上的一张相片拿来给陈先生看看。”他就进去,即刻拿了出来递给他父亲。他父亲笑嘻嘻的对他说:“谢谢你。”当初我见到这种情形,觉得很奇怪,以为一个“老子”对子女讲话,何必要这样客气呢?后来我到别个美国人的家里去,看见他们对待子女也是这样的,方才晓得他们对待子女与我们中国人是不同的。

讨论:我们中国旧家庭的父母,以为做父母的必定要使得子女畏敬我的;要子女畏我敬我,就必定要很严厉的对待子女;要很严厉的对待子女,就不应当以礼貌来待他们了。所以“父严于孝,法乎天也”这两句话,在旧家庭里差不多成为天经地义万古不能更改的信条。其实他们的观念是不对的。做父母的要使得子女畏敬,并不是以严厉而能够得到的,须要在行为上举动上处处能够使得做子女的佩服你尊敬你,那么做子女的就不约而同的大家来畏敬你了。倘使做父母的行为乖张举止轻狂,在在足以引起做子女的轻视之心,那么即使你天天打他们,骂他们,他们也不会畏敬你的。

不要说父子如此，就是以前专制时代的君臣也是这样的。你看商朝的纣王待臣下何等严厉，比干去谏他，就剖比干的心；周朝的厉王待百姓何等专制，国人谤毁他，就派人去监察他们；还有秦朝的始皇帝对待博士何等刻毒，因为博士要说他的坏话，就把好几百个博士，活活葬杀。对待臣下、百姓、博士，真正严到极点了。“顺我者生，逆我者死”，“生杀予夺之权，尽操诸己”，有这样威权，宜乎他们可以高枕而无忧了。料不到没有几年工夫，他们不是被臣下烧死，就是被百姓放逐，不是身遭其灾，就是子罹其殃；一家流血，万众快心；推其原因，都是他们不以礼待人而以严御下的缘故。皇帝具无上威权，尚且如此，何况无权无力的父母想在家庭里用高压的手段以对待子女呢？做子女的虽则不会演出家庭革命来，但是他们的心里，我想终不会高兴的。有人说父子是骨肉，用不到以礼貌来相对待的，你不能够以君臣来作比方的。君臣以义合，做臣下的固然要以礼貌去恭敬皇帝，但是做皇帝的也应当以礼貌对待臣下，所以以前孔夫子有“君遇臣以礼”这一句话。至于父母与子女不是这样的，他们天天在一起，不能够以礼貌来对待的；倘使以礼貌来对待，那要麻烦不堪了。我说这种论调是不对的。君臣没有礼貌不成体统，难道父子没有礼貌就成体统吗？做父母的固然不要待子女太客气，但是也不能不客气。子女恭敬父母，而父母竟不以礼答之，究竟还成什么样子？而且片面的恭敬，往往容易引起恶感，叶逊的子恨他父亲，就是一个例子了。在有智识的人对待“用人”尚温和有礼，何况对待子女呢？虽则“至亲无文”，但是究竟不能绝对无文的。倘使做子女的能够恭恭敬敬的待父母，而父母也答以相当的礼貌，那么家庭间就生出许多乐趣，不特做子女的觉得快乐，就是做父母的也要觉得快乐了；但是有许多顽固的父母对待子女好像对待奴隶而反自诩为“家规重”，岂不是自寻烦恼吗？

原则四：要打破一个坏习惯的时候，留心不要养成一个新的坏习惯

举例：一鸣小的时候有一种坏习惯，就是要点着灯睡。这种习惯的起源，以前已经讲过，此地不再细说了。在十二年四月十七日的晚上，我们决计要把这种习惯打破，所以我们把他放在床上，熄了灯，叫他独自睡去，他不愿意就哭。大约哭了五分钟的时候，后来他要他母亲抱，他母亲因为他哭得可怜，所以就去抱他。抱了一歇他就睡熟了。

讨论：点着灯固然是一种坏习惯，但是抱了睡也不是一种好习惯，做父母的对于这两种坏习惯，都应当打破的。但是一鸣的母亲一时没有想到这种道理，不忍他在黑暗里啼哭竟进去抱他，去了点灯而睡的行为，而又来了抱着睡的习惯，岂不是以恶代恶吗？要知道无论什么坏事，小孩子都不应当做的，做父母的一发见小孩子有不好的行为，就应当竭力去铲除他的，改正他的，教训他的，断不可以别的坏行为而去代替他这种坏习惯。倘使以恶代恶，那么和不代有什么两样呢？有许多做父母的也明明知道他们小孩子的坏习惯不可以长的，应当去打破他的，不应当以恶代恶的，但是他们因为疼爱小孩子的缘故，所以以坏行为而去代替小孩子的坏习惯了。语云：“除恶务尽。”无论什么人的恶，都应当除去的，小孩子年龄幼稚，恶尤不可以不除。倘使因为要除去他的恶而以恶来代替它，那么去一旧恶来一新恶，除与不除等了。这种教育是不对的，这种以

恶代恶的弊,做父母的是容易犯的,所以我请做父母的大家留心点罢。

原则五:做母亲的不要叫小孩子打骂他的父亲以取乐,做父亲的也不可那样

举例:有许多做母亲的,当抱着小孩子玩的时候,看见他丈夫走近来,就笑嘻嘻的对着小孩子说:“打他一次！骂他一句!”小孩子一听见他母亲的话,就伸手去打他父亲的巴掌,而且嘴里不住的骂着。他的父亲因为爱他的缘故,脸上很情愿受他的打,耳里很高兴受他的骂,虽嘴里说出很严厉的话去禁止他,然心里已经觉得乐不可支了。有时候笑眯眯的叫小孩子打骂他的夫人,而小孩子也同样的打骂他的母亲。这种事实,在闺阁中常常有的,不过我们中国有教育的家庭从没有叫他们的小孩子打骂他的父母以为乐的。我在美国好几年,也没有看见过这种事情。

讨论:夫妻间以嬉戏为乐固无不可,但叫小孩子以打骂他的父母以为乐,则断断不可。小孩子起初那里敢打骂父母呢?但做母亲的叫他打骂他的父亲,做父亲的叫他打骂他的母亲,他就大着胆打骂他的父母。始则玩弄,继则真敢打骂父母了。我常看见七八岁大的小孩子还常常骂他的父母,打他的父母;倘使父母打他或骂他,他就立刻报以恶声;父母的教训不行,而家庭就发生许多困难问题。虽其故不一,然他小的时候做父母的叫他打骂以取乐,也是一个缘故。我们绍兴地方有句俗语说:“三岁打娘,娘发笑;念岁打娘,娘上吊。”做父母的那可以打骂父母教小孩呢?

原则六：切不可欺骗小孩子

举例1：我常看见有许多做母亲的，有事情到亲戚家里去或到街上去买东西，因为恐怕小孩子要同去，临行的时候，就对小孩子说："你在家里不要吵。我去买饼来给你吃。"他出门以后，过了许多许多时候，还没有回来，小孩子等得着急就大哭起来了。等到傍晚做母亲的回来，小孩子就向他讨饼吃。他骗他说："啊哟！我忘记了！下次出去的时候再替你买罢。"小孩子没有法子只好不响。后来他出去仍旧以这种方法去骗小孩子。如是一而再，再而三，小孩子就知道他母亲骗他了。

讨论：做母亲的有事情出去可以带他同去就带他去，如果不便带他去，就应该好好儿劝他在家里，不应当来骗他。既然答许他饼，那么回来的时候，应当买饼来给他吃。何以用这种卑鄙的手段使他失望呢？要知道这样做去，偶然一次小孩子方面或者还可以瞒得过去，如果常常如此，那么一定要露出"马脚骨"来。倘使被小孩子看穿，那小孩子以后就不肯听你的话了，即使你不去骗他，好好儿去教训他，他也一定以为你骗他了。有许多小孩子不肯听父母的话常常同父母相闹，虽其原因不一，我想对于这层也不无关系的。

举例2：有一天将要吃饭的时候，一鸣要糖吃，不允许他。他祖母被他缠绕不过，就去拿了一颗放在盘上，而且对他说："糖没有了，只有一颗了。"我因为吃饭以前吃糖是不好的，所以阻止我母亲不要给他。他没有糖吃就大哭了。

讨论：糖是可以给小孩子吃的，那么我们就给他吃；如果不可以给他吃的，何苦对他说谎呢？一鸣是明明知道有许多糖的，倘使他吃了一颗又要吃，那么怎么样呢？再给他吗？吃饭以前吃糖，他就不要吃饭了。小孩子吃糖而不吃饭是不好的。不给他吗？他吃着糖的滋味那里肯歇呢？我早已知道这个缘故，所以我不给他的。如果他吃了一颗居然不再要了，固然是很好的；但是他的心里仍旧知道是骗他的。一方面他以后对他祖母的话要失去信仰，一方面他以后就用这种欺骗方法去对待别人了。所以以这种“讳有为无”的话去骗小孩子是很不对的。

举例3：今天下午一鸣看见他堂兄拿了一个很精致的皮球在地上拍，就向他要。他堂兄当皮球向上弹起来的时候，立刻把这个球一把捏住，将手臂向上一伸，把这个球溜在袖子里；而且对他说“诺！诺！这个球飞到天里去了！”一鸣信以为真，仰着头向天看了许多时候，并且显出很奇怪的样子。

讨论：小小一只球给他玩玩是不要紧的，不给他玩也罢了，为什么再去骗他呢？这种“把戏”现在因知识尚未充足竟被骗过，到了年纪稍大一些，就能看得穿了。

举例4：有一天有一位朋友在火炉旁边烤火的时候，一鸣去拿了许多美丽的纸和瓶叫他都丢到火炉里去烧。这位朋友嘴里虽然应着，但是他的心里很可惜这种东西。所以他对一鸣说：“你听着。我叫‘三’的时候，就将这种东西都丢到火中去。”说毕，嘴里“一二三”的叫起来。叫到“三”的时候，他将这种东西向后一丢都丢在他自己的衣襟上，并且对一鸣说“你看见吗？在火里面烧着了。”一鸣看见别的火光以为就是这种东西的火光。所以“ng ng”的答应着，而且显出很快活的样子。

讨论:以这种方法去骗小孩子也是不对的。你手法敏捷,他没有看穿你的把戏,固然是很好。倘使不幸而露出破绽来,小孩子就要不信任你了。你如果可惜这种东西,不忍去烧毁他;那么你应当劝告他,叫他不要烧。倘使他不听你的话,那么应当换别的同样的旧东西替他去烧。因为小孩子也知道烧毁好的东西,是可惜的;但是他爱物的心理敌不过烧物的好看,所以他拿这种东西来烧。如果你去骗他,一方面失去很好的东西,一方面又见不到在火里烧的样子,必定要大大失望的。他现在误认火光,以为纸光;误认煤以为是瓶,使他观念不准,思想糊涂,影响于智识上是很重大的。所以我们不应当去骗他,应当换相同不好的东西去烧,使他一则能够爱物,二则能够得到一点物质可以焚毁的知识。

原则七:做母亲的不应当背着丈夫去宠爱他的小孩子

举例:有一天早晨一个七岁的学童看见天下雨了,不愿意上学去。就对他母亲说:"妈妈,我今天不去,就在家里温温罢了。"不料这话被他父亲听见了,他父亲就走过来对他说:"下雨没有什么要紧,去好!"说后,就出去办事去了。小孩子看见他父亲出去,立刻再对他母亲说:"妈妈,我不去。"他母亲对他说:"你不去,我是可以的,不过你要当心你爷爷回来。"小孩子这天就不去,在家里鬼鬼祟祟的玩了一天。到了晚间,他父亲回来了,就问起他这天的功课,他就模模糊糊的瞎说一番;他母亲也低着头做活计一声不响。

讨论:天下雨,小孩子不到学堂里,也未尝不可以的,不过他父亲既然叫他去,那他应当要去的。他母亲不应当说:"你不去,我是可以的,不过你要当心你爸爸回来”这种话,尤不应当一声不响任他的小孩子在他丈夫面前说谎话,做母亲的以这种方法教育他的子女,简直是堕落他的子女。

原则八:小孩子作伪是由父母养成的

举例1:一日下午,知行的母亲正在楼上与他讲谈故事的时候,听见楼下有人叩门,就轻轻的对他说:“知行你下去看看,若叩门的是某某夫人,你即对他说妈妈不在家,若他问妈妈几时回来,你说不晓得。”知行受了教下楼去,照样回答客人,而客人也不坐去了。

举例2:又有一日,知行的母亲在客厅里接待客人,接待得非常殷勤;请客人上坐,请客人用茶;并极力恭维客人,说客人怎样短那样长,说得天花乱坠。客人辞别时,又再三挽留。一等客人出门后,就在知行面前举了臂,白了眼,仰了头,张了口,长叹了一声说:“讨厌呀!讨厌呀!”

讨论:从第一个例子看来,知行的母亲分明教他作伪;从第二个例子看来,知行的母亲分明暗示他作伪。知行受了这种教育,这种暗示,当然也要作伪了。常有做母亲的既教他的小孩子作伪而还要说他的小孩子乖巧可爱,这真是何等痛心。所以要小孩子诚实,做父母的自己先要诚实,自己不诚实,小孩子断断不会诚实的。

第十章　小孩子怎样学待人接物的

原则一：教小孩子要从小教起的

举例1：19世纪初的时候，在德国乡下有一位教师名字叫做佛戴(Karl Witte)，他目击当时社会上之种种罪恶，大有感触，以为那些作恶、犯罪的人都是小时没有得到良好教育的缘故。但是这个意思非有的确证据不能见信于人的；所以他决定去试验他自己的儿子。在1800年，他得了一个儿子名字也叫做"Karl Witte，"他就殚精竭虑去教训他的儿子。他常常带领他儿子到乡下城里去旅行的；凡他儿子所未曾见过而应当知道的，他就详详细细地教他。这样，他儿子的知识逐渐丰富了，他的美感逐渐发展了。对于方言，他尤其注意，以为言语是发展思想之利器，所以他就教他儿子从小学国语及其他五国的方言。

这个小孩子到了9岁，就进大学读书了。到了14岁得哲学博士学位(Ph. D.)，16岁得法律博士学位，同年受柏林大学之聘，从事教授，享寿83岁，以解释阐扬意大利诗人但戴(Dante)之学说闻于世。

爱护生物

小孩子不应单有欣赏
生物的机会,也应有实
地爱护生物的练习。

1. 能发展小孩子的审美观念
2. 养成爱护生物的习惯
3. 知道生物的性情

凡小孩子都应有这
种爱护生物的机会

讨论:幼稚期人称为“可塑期”或“可教期”;盖因为在这个时期,小孩子学东西学得很快的。你看一个非常柔弱无能的婴儿,不到三岁就会跑会跳,弄棒弄棍;不到六岁就把一乡的方言学得极其娴熟。

不但对于动作言语,小孩子在这个时候很容易学会的;就是对于各种常识也是容易吸收的;各种美感美德也是容易养成的。

所以佛戴得着这样的成绩,是没有什么十分的稀奇。若佛戴没有受到他父亲的一番教育,恐怕到后来也不过一个平常无闻的人罢了。

然而我们做父母的一定要好好儿教我们的小孩子;若养而不教,不如不养好得多了。

举例2:文德是一个独生子,他的父母非常宠爱他的。在方出世的几个月里,他一哭,他的母亲就抱起来喂他,若抱了还是要哭,就摇摇他。到了三四个月大的时候,他的母亲常要半夜五更起来抱了他在地板上走来走去摇他。

年纪稍大一点的时候,他要什么就给他什么。比方吃饭一事而论,他同父母等同吃的;他看见桌上好吃的菜蔬,必定要摆在他的面前;若不放在他面前,他要撒娇。从此,习以为常,桀骜难驯了。到了后来,这个小孩子养成了种种坏习惯,不可收拾了。这都是由父母溺爱所致。

讨论:小孩子生来虽有强弱智愚之别,然大抵都是活泼可爱的。文德本是一个很好的小孩子。若无他母亲的溺爱,恐怕他能够变成一个有用的人才,不致桀骜难驯,不可收拾的。

小孩子在出世后几个月里若哭了,做母亲的只要看他是否舒服,如尿布湿了,或太热或太冷等等。若这些身体上的事体,都是很适意的，那他恐怕因为要吃而哭的。但是吃须有时候的，不应因为他饿了哭了，就给他吃。若是如此，那就要养成食无定时的坏习惯了。文德的母亲不但一见文德哭了就去喂他，而且还要抱了起来摇他。摇的这个动作小孩子固然喜欢的；所以你摇他，他就不哭了。不过以后他要你常常摇他了。

后来文德要什么，他母亲就给他什么，这是更加不对了。小孩子生来专顾自己的，我们那里可以事事遂其所欲呢。

总论：墨子见染丝者而叹曰："染于苍则苍，染于黄则黄，所入者变，其色亦变，五入必而已，则为五色矣。故染不可不慎也。"（《墨子·所染篇》）不独丝是这样，就是小孩子也是这样的。小孩子在未受教育以前，好比是一索素丝，受了教育以后，好像一索素丝已经着了颜色。学得好就好，学得不好就不好。等到学得不好，以后做父母的即使要去教他好，也是很不容易的。我现在举一个例子来以证吾说之不谬。有一位琴师出一张招生广告说："未学过琴的，学费一元；已经学过的二元。"这张广告使得许多人怀疑，以为学过琴的已经懂得一点，教起来比较未曾学过的来得容易，学费也应当便宜些；现在不但不便宜，而且要贵一元，究竟是什么道理？后来这许多话被琴师知道了。他就对他的朋友说："你们那里知道。未曾学过琴的，不过不会踏琴罢了，没有什么病根的。至于已经学过琴的，不但不会踏琴，而且学了许多弊病。我现在要教他好，非先把他的病根除去不可。既要除去他病根，又要教他好，比较未学过的已经多一层困难了。所以学费也应当贵一倍。"这个例子大可证明小孩子对于各种东西，俱须从小学好的，做父母的教育小孩子，尤应当特别谨慎的。因为小孩子年龄幼稚，意志薄弱，很容易受教育的影响的。施以良好的教育，则将来成为良好的国民，倘施以恶劣的教育,那么将来成为恶劣的青年了。孔子云:"少成若天性,习惯成自然。"俗谚云:"教妇初来,教儿婴孩。"前者是说习惯很能束缚人的,后者是说小孩子要从小教的,也就是说好习惯,好思想要从小养成从小灌输的。我们中国有许多人,方在盛年,即显出衰弱的现象,驼着背,耸着肩,垂着头,气息奄奄不绝如缕;讲到他们的道德,真所谓道其所道,非我之所谓道,德其所德,非吾之所谓德,只知利己,不知利人,苟有利于己,虽卖国亦所不惜,倘利于人,即拔一毛而亦不为。至于他的智识,有的固然很丰富,但是有许多人实在欠缺得很,他们有病,不求人而求神,不问医而问卜,倘有不测,即诿之于天,脑筋的简单,智识的缺乏,真和太古民族,没有什么两样。我们看到这种人,一方面固然恨他,一方面实在很可怜他,恨他是因为他有害于人群,可怜他是因为他们小的时候没有受过良好的教育,不特没有受过良好的教育,而且受了恶劣的教育。对于这种人,我们非用尽九牛二虎之力不能改造他们的,不过对于如花含苞、如草初萌的小孩子,我们应当用很好的教育方法去教育他,使他们关于体德智三育都从小好好儿学起,那么老大的中国,未尝不可以一变而为少年的国家?不过少年中国的责任,固属诸今日之儿童,而造成少年中国的责任则属诸今日之父母,做父母的能够教育小孩子,而小孩子能够从小学好,则少年中国,即在其中了。做父母的!做小孩子的!大家努力!大家努力!幸勿失之交臂!

原则二：做父母的应当教训小孩子顾虑别人的安宁

举例：一鸣生后第66星期的时候就有一种顾虑别人的表示。他是不喜欢红的小帽的。他堂兄所带的红童子军帽给他戴，他不愿意，他也不愿意我戴。从前他不愿意吃的东西和不愿意做的事情，他自己不吃不做就是了，并不叫别人也不吃也不做。现在他不愿意的事情，也叫人不要做。这里可以证明他已经有点推己及人的意思了。在十二年十一月十八日，他早晨醒来，就吹洋号，我低着声对他说："不要吹！妈妈，妹妹还睡着呢！"他一听见我的话，就不吹了。你要叫他不要吹洋号，你自己须先要低着声同他说话，所谓己正而后能正人。倘使你亢喉高声同他说话，那么他也不肯听你的话而不吹洋号的。十二年六月二十三日，我吃中饭后，在客厅里打盹。他进来对他母亲说话，一看见了我睡觉，他低着声对他母亲说："Daddy Sleeps"（爹爹睡了。）就不作声了。这种顾虑别人安宁的动作是逐渐养成功的。平时他妹妹在房里睡熟的时候，我们进去必定踮着脚走的，说话也是低着声说的。而且常常对他说："妹妹睡了，不要作声。"我们常常以顾虑别人安宁的话说给他听，而且做给他看，所以他今天也能够顾虑我的安宁了。有许多小孩子是常常不顾虑别人的安宁的。别人睡眠或生病的时候，小孩子不是大声喊叫，就是狂奔跳跃，别人说话的时候，不是从中插入，就是乱吵乱闹，使睡者、病者、谈话者闻而生厌，见而生气，而他自己只知自私自利，从不知顾虑他人的安宁，这种例子触目皆是，今姑从略，不一一举了。

讨论：今日之孩童即他年之成人。今日之孩童不能顾虑他人的安宁，则他年之成人即将侵犯他人的幸福。现在我们中国，自武人政客，以至行贩小卒，无论做什么事，多数人只知利己，罔顾别人。推其原因，虽非一端，然他们当孩提之时，他们的父母不教以利己利人之道，亦一大原因。至于没有受过教育的一般人们可以不必说了，就是受良好教育的学生，也常常有不顾虑别人安宁的事情。我在中学里读书的时候，有许多同学当夜深人静的时候，常常高谈阔论以扰他人的好梦；或评论他人，或慨叹时事，或朗背英文，或纵谈古今，休休喋喋，彻夜不已。倘略加诘责，即报我以恶声，并说什么言论自由，你不能干涉我，犹我不能干涉你；说这许多无理的话。又在火车上（坐车），我们常常看见有许多先上车的搭客，伸其足，膰其腹，高卧座上，而后上车的乘客，只好鹄立于其侧了。这种人年幼的时候，做父母的没有教训他们顾虑别人的安宁的道理，所以现在就有这种罔顾别人的举动了。顾虑别人的举动，小孩子生来是不晓得的。小孩子有好吃的东西只知自己吃；有好穿的东西，只知自己穿；要哭就哭，要笑就笑，并不能十分顾虑到什么父母、兄弟、姊妹等等的安宁和幸福。做父母的在这个时候，应当教以顾虑他人的安宁，使他慢慢儿知道顾己顾人之道。这种教训是很容易做到，而且他的效果也很容易得到，所以做父母的要他们的小孩子将来成为有道德的人物，当小的时候即须教以顾虑他人的安宁之道。

原则三：家里有人生病的时候，非有特别的关系，做父母的应当使小孩子得着与病人表同情的机会

举例：秀琴今年三岁半了，对于人事稍稍能领会了，但对于病人不知道表点同情。一日他的哥哥病了而且病得很重。他母亲就对他说："秀琴，哥哥今天不舒服了，饭也不要吃了，玩了不要玩了，他现在卧在床上觉得很难过，你要进去看看他吗？"秀琴说："要的。"他母亲再对他说："你看见了他，你问声哥哥说你好吗？"他母亲遂同他轻轻地进去探望他的哥哥。进了寝室，看见他的哥哥卧在床上，就走近去问他哥哥说："你好吗？"问后，他母亲又领他出来笑嘻嘻地对他说："秀琴！我们到外边去采一点好的花来摆在哥哥的旁边给哥哥看看闻闻好不好？"他说："好的。"他母亲遂同他到他们自己的小花园里采了许多好花。采了回到房里，他母亲替他把花装在一个好看的瓶里，叫他慢慢地拿进哥哥的房里去放在桌子的上边。

讨论：同情行为在家庭里在社会里是一种非常重要的美德。若家庭里没有同情行为，那父不父，母不母，子不子，家庭就不成为家庭；若社会里没有同情行为，尔虞我诈，人人自利，社会也不成社会了。

但是同情行为不是生来有的，要在后天慢慢儿发展的；在教育好的家庭培养得快一点，在教育不良的家庭发展得慢一点。

小孩子大概是缺少同情行为的。这并不是小孩子的秉性不良，实是做父母的不去教导他们的缘故。我们都应当像秀琴母亲

的样子去教导我们的小孩子，务使我们的小孩子对于家庭对于社会能表充分的同情。

原则四：应使小孩子养成收藏玩物的好习惯

举例：一鸣（现在三岁零九个月）有一日睡中觉睡得太长了，所以晚饭吃过之后，不要去睡，就在书房间里画图、画剪纸头。玩了一点多钟之后，觉得疲倦要去睡了。不过未去睡以前，他把房间桌子整理得干干净净，把蜡笔剪子一起安放原处，又把桌椅移放得妥当，放好了才去睡。

讨论：一鸣到现在差不多已经养成收藏玩物的好习惯了。这种习惯有几种好处：（1）小孩子知道怎样爱护物力，不致暴殄天物。（2）养成小孩子整洁的观念使他以后做事井井有条，不致乱杂无章，费时费力。（3）玩物不容易损坏遗失。

普通家庭对于收藏玩物这一件事大概不注意的；既无特别的地方以收藏玩物，又乏特别的指导，务使小孩子把玩物玩好之后，安放原处。所以小孩子玩的玩物不是被脚踏破就是用手敲破，使得他任意损坏任意暴殄。这是何等可惜呢？

收藏物件习惯的好处已如上述，但这种习惯是不容易养成的。没有一个小孩子说是生来有这种收藏动作的。小孩子把东西玩了之后，若没有受过良好教育，一定弃之不顾的。一鸣小时何尝不是这样呢？但是他的母亲和我自己不晓得费了多少心血方才得到今天的成绩。他有时候玩了玩物之后不肯把玩物收藏起来；那我就用种种方法叫他藏好，或用暗示以鼓励他，或用武力以强迫他，务使他养成爱护物件的习惯。总之,小孩子只喜欢玩弄东西的,而不知玩了之后,应把东西收藏起来的;或知道应当收藏而不肯去做的。但为小孩子自身前途计,为爱护物力计,做父母的应当设法使他养成这个收藏物件的好习惯才好。

原则五:我们应当教小孩子对待长者有礼貌

举例1:要小孩子对长者有礼貌,做父母的自己对待长者须先要有礼貌。如你自己待父母好,那么小孩子对待你也会好的。古语所谓己正而后能正人,就是这个意思。

举例2:应当叫小孩子尊敬长者。一鸣两岁三个月时候,有一天坐在小凳子上,他祖母在他旁边站着。我就立刻对他说:"Bring a chair to grandma。"就是"拿把椅子来给祖母坐"的意思。他立刻就去拿了一把椅子给他祖母坐。这里固然给他练习动作,而且也是教他尊敬长辈的意思。

举例3:小孩子最爱面子的。如果做父母的当着他长辈的面前,逼他对于长者有礼貌,那他因为失脱面子,就不高兴去做了。他即使怕父母不得已去做,心里也是不高兴的。所以做父母的最好在小孩子耳朵旁边,轻轻的叫他致礼,那他因为可以得到敬重长辈的称誉,就很高兴去致礼的。

举例4:如果小孩子因为怕羞不肯去做,那么做父母的应当用方法去暗示他。如自己对着友人或长辈施行种种礼貌,或称赞长辈的孩子,这样一来,他以后慢慢就不会怕羞了。

讨论:无论什么人对待长者应当有礼貌。要他们对待长者有礼貌,他们小的时候,做父母的就要留心教他们。我们中国人自古以来是很注重礼节的。礼是曲礼三千,仪礼三千,仲尼教他们的学生,尤注重在礼节上。我们读一部《论语》和《孝经》,差不多一半是说礼节的。仲尼以后的大儒,大概都很喜欢说礼的。但是我们口里虽说怎样礼节,怎样教人,而教的方法不很十分好,所以到后来有礼与无礼等,"礼云礼云"不过是具文罢了。其中或者有几个驯良的子弟,听他们父母或先生的话以礼貌对待长辈,但是大概是不愿意的,是不得已的,所以礼节就成为束缚自由的东西,慢慢儿惹人讨厌了。我们要矫正这种弊病,做父母的或先生,应当用以上的种种方法去教训小孩子,使小孩子很高兴以礼遇长者,而不以礼为讨厌了。我们中国现在社会上,教小孩子有礼貌的方法,弊病是逼他们去做。倘使他们不以礼待长辈,那么做父母的就当着客人面前责骂他,如骂他们"饭桶""废物",等等,小孩子因被骂而恼羞成怒,以后更不喜欢礼遇长辈了。有几个小孩子本来是很有礼节的,后来因为一不当心受他们父母的责骂,就从此对着长者没有礼貌了。推想做父母的也是要他的小孩子好,所以这样责骂他,谁知道小孩反更加不好了。又有许多人是不去教小孩子,所以到后来小孩子一见了长辈,就缩头缩脑的躲着;或者当着长辈连大气也不敢出。这种情形是普通社会上所常见的。推其原因是从小的时候,做父母的没有教他的缘故。还有许多做父母的或先生自己对父母没有礼貌或对友人不致礼,而责他们小孩子对他自己要有礼貌,对他的朋友致敬意。结果,他们的小孩子非但不敬父母而且要轻视父母了。

原则六：不可准小孩子对待“用人”有傲慢的态度

举例：我们中国有许多纨绔子弟对待“用人”像对待牛马一样。叫他拿东西，以很傲慢的态度，对他说“拿来！”；倘使“用人”将事情弄坏了，就骂他“混账东西”“王八蛋”等等；甚至有加之以鞭挞者。我们一鸣有一天因为他的“用人”不听他的话，就骂他“讨厌东西”。这种脾气是由做父母的不好好儿教训的缘故，并不是先天生来是这样的。做父母的应当教训小孩子对待“用人”有相当的礼貌。做父母的叫“用人”去做一桩事，应当好好儿对他说，如果“用人”事情做得不好，也只要说他几句罢了，切不可这样恶恶毒毒的去骂他。这样一来小孩子也会好好儿待“用人”的。

讨论：“用人”也是人，也是在社会上干事情的。他们智识简单，所以只好做这种小的事情。但是他们的人格是依旧存在的。倘使去责骂他们，他们因为吃你的饭，只好吞声饮泣的忍受，但是他们的心里是很不高兴的。要知道虐待“用人”一方面固然丧失“用人”的人格，一方面也是丧失自己的人格。做父母的应该这样去劝戒小孩子，使孩子慢慢儿善视他们的“用人”。不过父母的应当自己善视“用人”，作小孩子的榜样；否则，小孩子就不能善视“用人”了。做父母尤不应当使小孩子从小受人侍奉，凡小孩子所能做的事，叫他们自己去做，“用人”不过代做小孩子所不能做的事罢了。倘使件件事情都替小孩子去做，那么小孩子非但不能发达他的肌肉，而且他的虚娇之气也从此滋长了。有许多王孙公子，富贵子弟，身体孱弱，娇气逼人，虽其原因不一，但于这一点也未尝没有关系。所以做父母的要使得小孩子免掉这种弊病，就不应该使他们从小受人侍奉。

原则七：做父母的须禁止小孩子作伪

举例1：十二年五月十日的早晨（那时一鸣约二岁零五个月），一鸣的手攀着吃饭的椅桌，右足踏在桌档上，左足悬空挂着。在这个当儿，他看见他母亲倒水绞手巾，正要给他洗面就喊叫说“啊唷，啊唷”，以表示痛的意思。他母亲听见他这样喊叫，立刻跑过来把他抱下来，叫他立在地板上，但是他还喊叫说“痛的，痛的”，喊了几声就逃出去了。

讨论1：其实一鸣毫无痛处的，而其所以如此喊叫者，是因为要避脱洗面的缘故。他母亲不知其中底蕴，一听见他喊痛，以为他真有痛处了，所以把他抱下来，叫他立在地板上，他因此就可以乘间逃避，不要洗面了。他以前没有“作伪”过，而且他“作伪”也是“惟妙惟肖”的，嘴里喊着痛，身上装出痛，脸上现出痛，这种样子，使得见者、闻者容易信以为真的。孟子说：“欺之以其方，虽君子亦不免。”一鸣欺他的母亲也用很好的方法，所以他母亲居然受他的欺了。他的作伪不是别人教他的，是他自己想出来的，像这样小的小孩子就能如此作伪，无怪许多人说：“小孩子生来是性恶的。”

举例2：一鸣吃饭的时候常常不要系围巾。有一天（那时他有二岁零五个月了）吃饭以前，他母亲把围巾替他系上，他就喊叫说“痛的，痛的”，喊的时候，把围巾拉下。拉下以后，我又把他系上。他就大哭而且再把围巾拉下。后来我把他抱到房里去，把门关着，他哭了一歇，就不哭了。抱出来，我仍旧替他系上，他也不拒绝了。

讨论 2：他母亲替他系围巾，他也没有什么痛，而他所以这样喊的原因，也不过同以前不要洗面一样用意罢了。喊痛不生效力，继之以哭；总而言之，他用种种方法要去达到他不要系围巾的目的。我知道他明明是不痛的，他喊痛的用意，他作伪的方法，所以不顾他喊痛，不管他号哭，用强硬手段把他关在房里。他既然不能售其作伪的方法，没有法子只好任我系上围巾了。假使我因为他哭，就不把围巾替他系上，那么他下次更加不要系围巾了，而且更加要作伪了。像这种地方，做父母的断不可姑息小孩子的。

结论：大多数小孩子是常常要作伪的，而且作伪的方法、作伪的样子是随地、随时、随事而变迁的，所以做父母的也应当用种种思考，用种种方法去考察他，禁止他。倘使小孩子受父母的禁止，一次不能售其伪，以后就不敢作伪了。世人"尔诈我虞"的行为，日多一日，虽其原因不一，我想当他们小的时候，做父母的任他们去作伪，去作恶，也不无关系的。他们以为既可以欺父母，就不妨欺别人；既可以作伪于家庭，就不妨作伪于社会，久而久之，就成今日之现象了。要改革这种现象是一个重大的问题，非三五语就可以解决的；但是我想做父母的如果能够禁止小孩子作伪，使他们将来成为诚实的青年，则于国于家，将来都不无裨补的。

原则八：不准小孩子打人

举例 1：有一天，高仁不知为什么事。拿了一根竹棒去打他的堂兄，他堂兄正要夺他的棒还打的时候，被高仁的母亲看见了，高仁的母亲就骂他的堂兄说:“你是哥哥,应当让他一点的。不许打他!”他堂兄因为母亲不许他打,就不敢打了,但是他的脸上显出很不舒服的样子。过了几天,他堂兄正在读书的时候,他一只手拿了一根棒头,还有一只手拿了一枝蜡笔,出其不意的向他堂兄的书上乱画;画得不够,又将他的书抓得粉碎。他的堂兄不敢同他闹,嘴里连说:“对不起,不要吵。”

举例2:宽仁有一天,把他姑娘的一个盒子夺来了。他姑娘去夺还他,他就拿了一根尺去打他。他正要打他的时候,他母亲回来了,立刻骂他女儿说:“芗凤!你有力量打打他看。他不过6岁,你已经有14岁了,理应要将这个盒子给他,不给他也罢了,还要去打他。你有力量打打看。”可怜的芗凤既失了盒子,又受他打,还要被他母亲骂。一肚子闷气没处出,只得哀哀悲悲的哭起来了。他母亲看见他哭,就赶过去打他的巴掌,而且骂他说:“你为什么缘故骂的?这样大的人不会做事体,还要哭。”哭毕又打,打又骂,弄得芗凤昏天黑地有话没处讲,有冤没处诉,只得吞声饮泣,倒在床上了。

讨论:做父母的以为小孩子年纪小,做成人的应当让他的。不知道小孩子自以为年纪小,更加要强横起来了。强横之气既成,则放辟邪侈无所不为。小则受人之辱,大则伤己之身,其害之大,真“不堪设想”。等到那个时候,做父母的悔亦迟了。倘使小的时候,做父母的就不许他打人;倘使他打人,做父母的就去责罚,那么小孩子以后就不敢打人,不会闯祸了。但是有许多做父母的,因为爱他们小孩子的缘故,听他去骂人打人。所以到了后来,他就要打人了;有时候,非但去打别人;而且要打他自己的父母。一个很好的例子写出来,给大家看看。有一位富翁,年近50,方得一子。老年弄璋是人生的乐事,这位老人家的快乐是不消说的。儿子喜则喜,儿子悲则悲，总而言之，他以儿子的意思为意思的。过了几年，这个小孩子有四五岁了，因为父母爱他的缘故，所以强横霸道无所不至，一不高兴就骂人打人；倘使父母去打他，他就打父母；父母因为他年纪小，也常常容恕他。再过十几年，他已经有十七八岁了。他年纪大了，胆子也大了，常常偷他父亲的钱到外面去赌，一掷千金，毫不为意。后来被他父亲知道了，当着众人面前大骂他一顿。他非但不怕父亲而且骂他父亲说："（老而不死是为贼，）你死死不会死，还要来骂我。你当心点，我迟早些，总要打杀你。"他父亲听到这话，虽然担心，但是总有点不相信。这天晚上，这位老人家把一只小斗桶放在他自己的床里，用被服盖着，当作人睡的样子；他自己静悄悄的躲在床后以看他儿子的动静。果然不差，不到一刻钟功夫，他儿子怒气冲冲的来了，举起一把大斧头，暗地里向床上乱斩。啪的一声，斗桶碎了：他以为他父亲的头颅被他斫破了；丢了斧头，马上就逃。他父亲在床背后看得明明白白，一面去报官，一面吩咐家人以后看见他，立刻把他捉住。"光阴易逝"，匆匆又过十几年了，这位老人家年纪已经有八十多，暮年孤独，苦不堪言，睹物兴怀悲感交集，但虽恨他儿子无良，仍旧望他回来。有一天，老人家正在桑园里散步的时候，忽见有一年逾三十的农夫走过来对他说："请你把这株老桑枝弄他弯来。"他笑嘻嘻答道："老弟！老桑枝那里能够弄得弯呢？"农夫说："不错，不错，桑枝要小弯，儿子要小教。"他听到这句话，不觉顿触旧恨，珠泪点点，"泣不能仰"。农夫问他哭的缘故，他就一五一十的告诉农夫。农夫说："你要他回来吗？如果你要叫他回来，那么我有法子。"老人家听到这话，就问他："他在哪里？"他说："远远在千里，近近在眼前。"老人家很以为奇，看农夫的面貌，好像是他自己的儿子，好像又不是他儿子。这个农夫又对他说:"你要他回来,那么我就是你的儿子了。"老人家听到这句话,就用弱而无光的眼睛注视他的面上,看他少小出家老大回来,乡音不改,鬓毛已衰。看了许多时候方才喊道:"啊哟!我的儿呀!你以前要杀我,是我不从小教你的缘故呀!"说毕就哭。儿子见到这种情形追悔他自己以前的行为也哭起来了。父子"悲喜交集,遂和好如初"。这段故事,虽不值得什么;但是有一个感想,做儿子的固然不好,做父亲的尤其不好。倘使儿子小的时候,做父亲的就不许他打人,那他后来也不会要杀他自己的父亲了,幸喜他儿子后来悔过自己归来;否则,老人家暮年苦况更不堪设想了。从以上种种情形看来,做父母的绝对不应当任小孩子打人的。

原则九:小孩子在家里应当帮助他的父母做点事体

举例:宽仁六岁大的时候,常常很喜欢帮他母亲的忙。每天早晨起来,他总替他母亲扫地;虽然扫得不大好,总还可以的。一鸣也很高兴在家里做一点事情。他有一天,把一根摇灰用的铁棒拿起来插在火炉盖上,而且要把火炉盖拿到火炉的上面去。他用了许多气力还拿不上去。我就在旁边帮助他,并说几句称赞话给他听。

讨论:当小孩子做事的时候,做父母的应当在旁边看着他,看他能不能做那件事。他能够做那件事就让他去做;如果他不能够,那么做父母的应当帮助他以成其美。一鸣拿火炉盖的时候,倘使我不去帮他,那他恐怕拿不上去了,非但拿不上,或者还要敲在他的脚上。所以做父母的看见小孩子不能做的时候,应当同他合作。

小孩子去做一件事的时候，切不要希望他所做的成效好，因为小孩子气力薄弱，思虑简单，所做的事大概是不能得到好结果的；而所以任他去做的缘故，因为一方面可以发展他的筋骨，一方面可以引起他自动的兴趣，并不是一定要得到好结果的。一鸣一岁零十个月的时候，就要拿起扫帚来，在地板上扫碎纸木屑等物。他虽则扫得不好，我们不去叫他不要扫。不到两岁的小孩子本是不能扫地的。我们所以任他去扫者，是因为要他的肌肉发达，而且也要使他得到扫地的经验。我常看见有许多做父母的一看见小孩子做一件事情，恐怕他做不好而且费时，就叫他不要做，或者替他代做。从我们成人一方面看来，小孩子做事固然不如我们自己做来得好而且快，但从小孩子一方面看来，他不去做就不能得到做事的经验了。富贵子弟骄慢怠惰不知世事艰难，大概也是这个缘故。

原则十：做父母的应当教训小孩子爱人

举例 1[①]：有一个母亲对他的三个小孩子说："你们的爹爹费尽许多心思到外边去赚钱来给我们吃，给我们穿，给我们用，一天到晚没有空。我们既然靠他吃，靠他穿，靠他用，也应当用种种方法使他快乐。"三个小孩子听到他们母亲的话，就齐声问道："用什么方法呢？"他就看着他的女儿说："你去换了很清洁的衣服，装成仙女的样子，站在门口，等你爹爹回来的时候，就笑嘻嘻的欢迎他。""至于你们两个（指儿子）将桌子上地板上的东西都收拾好，而且把

① 这个例子从 Beery 所著之 *Practical Child Training* 书中采来的。

桌子茶儿抹得干干净净，地板上也扫得清清爽爽，花瓶里的水换换，我到厨房里去烧夜饭给你们爹爹吃。”小孩子听见他们母亲的吩咐就分头去干他们的事了。到了五点钟，这位爹爹回来了，看见他女儿穿着很清洁的衣服站在门口欢迎他，他心里非常高兴并牵他的手，慢慢儿走进去了。走到房里看见地上扫得很干净，家伙什物摊得很整齐，他心里的快活，是不消说得了；又看见二个小孩子跑过来欢迎他并且表示很亲爱的样子。后来他妻子笑眯眯的搬饭出来，吃饭的时候，大家谈谈笑笑真是快乐得很。饭后，他妻子弹弹琴，几个小孩子唱唱歌，他老人家坐在很舒服的大椅子内看看报听听歌，在那时候他觉得日里的辛苦都化为乌有了，而且精神上的畅快充满了他的胸襟了。

讨论1：古语云“乘人之车者，载人之患；衣人之衣者，怀人之忧；食人之食者，死人之事。”(《史记·淮阴侯列传》是可知受人之赐，不可不答以相当之报。虽则做小孩子的年龄幼稚，能力薄弱，不能载父之患，怀父之忧，死父之事；但是也不可不与父母相当的酬报，酬报之道没有别的，不过使做父亲的快活罢了。我们有许多家庭则不然，做父亲的回来的时候，不是女儿啼哭，就是妻子谩骂；不是鸡粪满地，就是尘埃盈桌，什物纵横，书籍狼藉，可以不消说得了。做妻子的，当男人回来的时候，大概也没有好好儿迎接他的，大不了说一声“某某的爹爹！你回来了？”有时候不高兴，还要板起了脸，睬也不去睬他。做男人的在外面费尽许多心思或气力拿汗血换钱财来去供给他们，而他们待他竟是这种样子，岂真正应该如此吗？做男人见到这种情形，固然难堪，我想做妻子或女儿的，想来“报施之道”，也要“问心不安”了。

举例2：二月二十二日是洪器母亲的生日。前一天，他父亲对他说:“明天是你母亲的生日了。我去替你们买糕儿、水果来。明天早晨,你们大家穿美丽的衣服去祝贺妈妈。”洪器听到他父亲的话,心里自然是高兴的。一面去通知他的弟妹,一面又去告诉他的小朋友说:“明天是我们妈妈的生日,你们大家来玩玩。”第二天早晨,他同他的弟妹一早就起来,把地板桌椅等等东西都弄得非常干净,把水果、糕儿都一盘一盘盛起来摆在桌上,笑嘻嘻的对他母亲说:“妈妈,今天是你的生日了,我们大家要拜你的……”这句话还没有说完,只听得外边大声喊道:“洪器！我们大家来了。”说毕大家就七跳八跳的进来了,没有多少时候,桌上的钟,已经十二点钟了。他就请他的父母大家坐起来,一同吃吃谈谈,欢聚一堂,其乐何极?

讨论2:做母亲的抚育子女是很辛苦的。生育可以不必说了,至于烧呀,煮呀,洗呀,一天到晚也没有一点空。要小孩子帮助母亲洗烧是能力上不大容易做到的,至于使母亲快乐,实在是他们能力上做得到的。使母亲快乐的日子不必一定是生日;使母亲快乐的方法,不必一定是拜寿,不过生日祝寿也是其中之一罢了。

举例3:我在美国的时候,有一天到一个圣日学校的幼稚园里去参观。有一位教师把许多洋囝囝给小孩子看,囝囝中有俄国小孩子、墨西哥小孩子、意大利小孩子、日本小孩子等等。教师指着囝囝对小孩子说:“我们有吃有穿有用,他们多少苦,没有什么穿没有什么吃。我们应当想法使他们也同我们一样快乐。”稍息教师叫大的学生起来收捐,小孩子都欢欢喜喜地拿出钱来放进捐囊里去。

讨论3:人之爱人须要天天做的,不要我今天爱人,明天就不爱了,尤须在小的时候学习的,小的时候已经有爱人的行为,那么到了成人的时候,自然而然也能够爱人了。一个人最不好的脾气就是“利己心”太重。做无论什么事，往往以我为中心。凡有利于我者，没有不高兴去干的，无利于我者都不愿意去做，那么到了后来，“上下交争利，而国危矣。”无智识的人固然可以不必说了；就是有智识的人，就是曾经受过“高等教育”的人，一旦得志，卖国祸民，丧权辱国，种种事情，亦或有之。推其原因，大概由于他们小的时候，没有受过爱人教育的缘故，所以我们要救国保民必定从教训小孩子爱人着手，小孩子今日能爱人，他年就能够爱国了。

总结：教小孩子要从小教起的，小时容易教，大来就难教；什么顾虑别人安宁的心肠，什么对别人发生同情的动作，什么爱护物力的态度等等，都可从小养成的。

小孩子没有一个不利己的，不利己那能生活，但是我们要慢慢儿教他爱人之道，不要以为他年纪尚小，可以不必讲这种迂腐事情的。

穿　珠　子

兄妹两人在石阶上穿颜色珠子以消遣。

小孩子有了这种东西玩弄就不致缠绕别人，又可学得各种颜色，并且还可练习手筋。

珠子要玻璃的，木头做的不大好。穿的绳子就是皮鞋的带子。

消遣良物

第十一章　我们应当怎样责罚小孩子的

原则一:“诱导”比“恐吓”、“哄骗”、“打骂”来得好

举例:有一个两岁的小孩子,在将晚的时候,还要独自到楼下去玩。在这种情形,为父母的应当怎样做?去恐吓他呢,还是去禁止他;让他去呢,还是借别人去骂他;“无中生有”的去哄他呢,还是去诱导他?

讨论:1. 以“恐吓”这种方法来对待小孩子,是不对的;如说外边有老虎呀,有鬼呀。因为这样一来,使得小孩子发生无谓的惊慌,恐怕以后到了晚上,就不敢到黑暗地方去了。这种方法做父母的是常常用的,所以普通小孩子常常怕鬼或怕动物。

2. 又有许多做父母的不管小孩子的心里高兴不高兴,只一味禁止他,如说:“天晚了!不许出去了!倘使你吵我打你一顿!”这样一来,有些小孩子居然怕你不敢出去了。但有些小孩子因为你不准他出去,就要哭而且还要出去。前者可以不生问题了,至于后者,你究竟怎样办呢?还是因为他哭了,就让他去呢,还是不让他去而竟打他呢?让他去吗?那么小孩子以后就要藐视你而不听你的话了;打他吗?那么不但小孩子怨恨你,而且你自己也觉得不很

好。因此好好的一桩事情，弄得很没有趣味了。

3. 你让他出去吗？这是不对的。小孩子在晚间非有特别的事情不宜到外面去游玩。因为在晚间游玩，小孩子容易闯祸，不是磕头碰脑，就是皮破血出，所以你不宜允许他出去的。那么究竟怎样呢？你应当诱导他。如对他说："天已经晚了，外边现在没有什么东西可以看，可以玩，我们还是到房里去看画图，唱唱歌，玩玩别的东西罢。"这样对他说，他如果还要出去，那么你想出特别的东西或游戏的方法来引起他的注意；倘使他依旧不听，那只好不准他出去，让他去哭了。

4. 你借别人骂他吗？这种"打丫头骂小姐"的方法，是绝对不可行的。如对着小孩子骂别人说"你不要吵！吵吵我要打你！"你用这种方法来对付小孩子，小孩子听不听你是一个疑问；即使被你吓倒了，也有许多坏处：(1) 小孩子知道你作鬼来吓他；他虽然怕你或者被你吓倒，但是他心里是极不舒服的；(2) 直接受你骂的人就学了一种欺诈的方法，将来也用这种方法去对待别人了。如此推演下去，则社会就成为欺诈的社会了。

5. 又有许多做父母的，常常用"无中生有"的方法去哄他，如当小孩子吵的时候，忽然对小孩子说："诺！诺！诺！这里有个爬爬虫！你看你看！"而且说的时候指东画西装出一种活像活现的态度。在这个当儿，小孩子或者居然受你骗而不再吵了，但是后来小孩子看出你的破绽来，以后就不相信你的话了。而且他也学了你的欺诈的行为。这是于两方面道德上都有损伤的。

原则二:做父母的应当探索小孩子作恶的原因

举例1:念慈有一次同他的几个小朋友到山上去玩,没有到学校里去念书。他下午回家以后,他父亲问他这天的功课。他因为恐怕受他父亲的责罚,就说了许多谎话。他父亲信以为真,也不仔仔细细的去究问他。一宿无话,到了第二天早晨,他父亲为什么事跑到学校里去同念慈的先生讲话。寒暄既毕,先生就问道:“念慈昨天为什么事情不来读书的。莫非病了吗?”他父亲被生生一问很诧异的说道:“怎么说?他昨天明明来上课的,怎样说不来?他昨天回来的时候,我问他的功课,他还应答如流,一点没有错误,你怎么说他不来?”先生笑嘻嘻的回答他说:“他昨天的确没有来,请你回去问问他就是了。”坐了一歇,他回来了。不到几步,念慈也甚着书包慢慢儿到学校里来了。他父亲就迎头向他说:“昨天你为什么不去上课?”念慈见问,自知事已败露,不好作答,低着头一响也不响。他父亲又问他:“你昨天到底到什么地方去了?你好好儿说来,不许说谎!”念慈红着脸低着头,声音很低的说道:“周世孝要我到仰华山去玩,所以我没有去读书。”“那么你为什么缘故骗我呢?”他父亲又问。他回答他父亲:“恐怕你要打。”他父亲说道:“算了,到学校里去,以后再不许赖学,而且再不许说谎。倘使你再说谎,我决不饶你的。去!去!快要上课了!快点走!”这几句话,他深深的记在心上,永没有忘记,他恐怕说谎被罚,以后就不敢说谎了。

举例3:丽花常常要偷东西吃的。他后母因为他要偷,就常常去打他,而且在他父亲的面前说他怎样馋嘴,怎样偷窃。他父亲素来知道他待丽花是很不好的，所以今天听到他的话，也不见得十分相信。后来他仔细调查，丽花的确要偷东西吃的，而偷的原因，实在因为他妻子待遇丽花不好的缘故。无论什么东西，他总给他自己的儿子吃，没有给丽花吃的。丽花没得吃，所以常常去偷。如此已经有二年多了。他既然查到丽花偷食的原因，一面骂丽花，一面背着丽花，骂他的妻子。后来有东西吃的时候，总有得给丽花吃的，而丽花以后也不再偷窃了。

讨论：大凡小孩子决不会无故而作恶的，作恶的原因，大概是由环境造成功的。做父亲的待他太严厉，他因为恐怕受罚作了坏事，自然要说谎的；做母亲的不把食物给他吃，他因为为食欲所冲动，自然要偷食物的。倘使能够寻出小孩子作恶的原因，而且把这种原因铲灭，那么小孩子以后就不会再作恶了。如果不把他这种原因除去，而只责罚他作恶的结果，那么小孩子虽然怕你，一时不敢再作恶，但是他作恶的心，依旧存在，要他以后不再作恶，是很不容易的事情。所以除小孩子的恶，应当除其本，不应当除其末，除本是永久的，至于除末，不过一时有效罢了。

原则三：做父母的打骂小孩子以前，应当平心静气考查他究竟有甚过失

举例1：有一个小孩子在学堂里，听到他先生说人的脚骨折断可以再接的话，心里很以为奇怪，一回家，就把一只鸡的脚骨折断，他正在想方法要把这只鸡骨接起来的时候，被他母亲看见了。他母亲就拿了一根尺向他头上乱打。一面打，一面骂道："有你这个

贱东西,为什么好好儿把一只鸡的脚骨折断的?”骂毕又打。小孩子受了一顿打,没有法了,只得哭哭罢了。

举例2:宽仁同几个小朋友到桃园去玩,小朋友看见桃子熟了,就爬到树上去偷桃子。后来被桃园主人知道了,拿了一根竹竿,望着桃园里来。小孩子一看见有人来,就大家逃去了。宽仁因为自己没有偷桃子,大着胆子,偏偏不逃。主人走来一看,别的小孩子都逃去了,只有一个宽仁在这里,就把他拿住。他虽满口喊屈,但是主人总不肯相信,怒气冲冲的把他送到他母亲面前说:“你们儿子偷我们的桃子”他母亲一听到他做贼,不论皂白将他大打一顿。可怜这个小孩子平白地受了“无妄之灾”。

举例3:有一个小孩子,有一天早晨起来,把一个洋团团的头发剪得“牛山濯濯”。他母亲看见就问他剪洋团团头发的缘故。他说:“人的头发剪掉再会生出来,不知道洋团团的头发剪掉以后会不会再生出来,所以我试试看的。”他母亲听到他的话,非但不打他,而且笑嘻嘻的对他说:“是的,我们看洋团团的头发会不会再生出来。你好好儿看着。”

讨论:法庭判决罪犯,在未判决以前,应当调查他的事情,有罪则加诸以刑,无罪则宣告他无罪。倘使有一位法官,不问屈直,不论是非,贸贸然去判决一个嫌疑犯,那么非但受者不服,就是旁观者也要“群起而攻之”了。法庭如此,家庭也是这样的。做父母的在未打小孩子以前,也应当仔仔细细的考查他一番。他实在有过失,那么打他;倘使他没有过失,那就不应当打他了。如果不论皂白,听一面之词,逞一己之怒,就去鞭挞小孩子,那么小孩子也要不服他父母的。虽然小孩子能力薄弱不敢反抗父母,但是他恨父母之心恐怕从此发生了。我常看见有许多儿子,因为父母冤枉去打他，就骂他的父母，做父母的，因为儿子骂他，就赶他出去，不许他回来。乡村里的父老常常说做儿子的不好，据我看起来，做儿子的固然不好，但是做父母的也不能够算得好，因为“不平则鸣”是万物自然的趋势，儿子受了不平，也应当鸣的。要儿子对待父母有礼貌，做父母责罚儿子须先要公平。

原则四：不应在别人面前责罚小孩子

举例：我昨天到朋友家里去和友人说话的时候，他的侄儿常常从中来插言。他的婶娘因为被他闹得太不耐烦了，就去骂他，他好像没有听见一样，依旧以言语来间断我们的谈话。他婶娘恨极了就大骂他。他受了这种责骂，自己觉得不好意思慢慢儿出去了。又有一个老太婆常常在别人面前骂他的外甥。有一天，他外甥不知做错了什么事，又被他责骂了。他一面骂，一面去叫他的侄媳妇、侄孙女等大家来听。可怜这个十几岁的小孩子，在大众面前，受了这样的恶骂，就大哭起来了。他非但没有可怜他，而且又取笑他。后来骂的时候太长了，媳妇们大家去了，他也就此不骂了。这个小孩子从此就非常怨恨他，以后他无论怎样教训他责骂他，他总不要听了。我的友人袁君对他的小孩子不是这样的。他当着别人的面前从没有骂过他的小孩子。他的小孩子因为他父亲顾全他的面子，就很高兴听他父亲的骂，以后慢慢儿就变好了。

讨论：无论大小人都是有羞恶之心的，除了有神经病的成人或年纪太小的小孩以外，大多数小孩子尤喜欢顾全面子。倘使做父母的当着别人的面前去骂他，他以为受了莫大之耻辱，就要怨恨他的父母了。小孩子等到怨恨父母,以后就不高兴去听父母的教训了。我们中国有许多家庭,父子间感情是很不融洽的。父不以子为子,而子不以父为父,双方面各趋极端像仇敌一样。虽其原因不一,但是于这点上也不无关系的。还有许多小孩子初次被骂还觉得倒霉,倘使做父母的常常在别人面前去骂他,他就不以为耻,慢慢儿成为顽童了。我常看见有许多小孩子在客人面前是很会吵的。他们父亲骂他几句,他们就停了一刻,过了几分钟,老样子又来了。这种小孩子已经失掉羞恶之心,做父母的虽欲改掉而已不可能。所以做父母的不应当在客人面前去骂小孩子,应当等客人去了以后,方才慢慢儿去教训他;教训他不听,然后去责备他,那么小孩子因为不丢面子,就很高兴去改他的过失。但是也有许多小孩子一次受辱,以后恐怕他父母再当着别人的面前去骂他,就从此而改他的过失的。不过这种小孩子是很少的。所以据我看来,做父母的要责罚小孩子不如背着别人的面来得好。

原则五:早上和晚间都不宜打骂小孩子

举例:青儿小的时候,是很为吵的,不是同别家小孩子打架,就是在家里弄坏东西。有一天,他又将邻家的小孩子打出血了。小孩子的母亲怒气冲冲的走过来,一五一十的告诉青儿的母亲。说毕便携着他的小孩子大哭起来。那时候青儿已经逃得没有地方了。他的母亲见了这种样子自然火气直冲,拼命的叫青儿来,但是那里叫得到呢?他没有法子只得向邻家赔了礼,说了许多好话,然后勉勉强强的方才了事。到了将晚的时候,青儿鬼鬼祟祟的只好回来了。他的母亲只管自己做事情，一句也不说。他暗地里自己想想以为没有事了。吃了夜饭。他独自个去困了。睡不到一刻钟的时候，他母亲拿了一根竹枝揭开他的被，使劲的大打了一顿。此时的青儿既无逃处，又无救兵，正同热镬里的蚂蚁一样了。他在这天晚上做了许多噩梦；忽而喊起来，忽而哭起来，令同床的人也闻而惊惧过了几天。他又同人家打架了，他母亲本来又想在晚间打他，后来因为有事，没有功夫，所以没有去打他，到了第二天早晨，趁他还在被窝里做好梦的时候，他仍旧用从前打过的一根竹枝，揭开青儿的被大打起来。他这天早晨起来，觉得一天不舒服，神经错乱，心里跳跃，茫茫然如有所失的样子。我们中国做母亲的像青儿的母亲正不知多少，所受到的痛苦像青儿的也不知几何。今将其中弊病讨论如下。

讨论：做父母的应当使小孩子夜里安安稳稳睡觉的，断不可因为日里打不到他就在晚间补打。要知道他身体上受了痛苦还是小事，心神上受的痛苦那是大了！大凡一个小孩子夜里受他父母的鞭挞以后，必定不能够安安稳稳的睡的。他在梦中不是看见他父母去打他，就是看见他父母去追他，所以梦中常常要哭喊。至于清早去打小孩子，其害处更加大了。小孩子因为受了大惊，就会成病，即使不成病，也要使他一天心神不宁。往日天真烂漫的小孩子，几乎变成木鸡一般。所以我说做父母的要打小孩子，无论什么时候，都可以，为什么必定要拣在早晚打呢？拣在早晚打他，做父母的一腔闷气固然发泄了。其如小孩子身体上精神上所受的损失何！

原则六:做父母的不应当迁怒于子女

举例:我的学生张君曾对我说,他八九岁的时候,有一天嘴里嗡嗡的唱着,慢慢儿的从外面归来。走到厨房里问他母亲说:“夜饭好吃么?”他母亲也不问皂白,拿起吹火的竹筒,使劲的向他敲来。这一敲非同小可,敲得头上一个洞,血如注水一般的流着,脸孔上、衣襟上、地板上,都染得血红。他受了猛烈的打击,顿时就昏过去。后来他祖母看见了就用种种方法将他灌醒,而且嘴里一面骂着,一面哭着。你思他母亲为什么无缘无故的这样去打他呢?他这天下午听见他丈夫生意亏本,而且身上有病,所以他心里非常不高兴。年幼的张君那里知道这件事呢?到了将晚的时候,自然回来向他母亲讨饭吃了。他母亲本来因为一腔闷气,无从发泄,心上已经恨了;今又看见他这样高兴,尤加怒不可抑,所以就拿竹筒去打他了。又有一个少妇,大发怒的时候,拿他的儿子去出气,拿了一根竹竿,无意中就把他天真烂漫的儿子霎时间打伤了。还有一位很严厉的老学究,不知为了什么,心里不高兴。就拿起一块板子把他十一二岁的儿子打得疯疯癫癫。我又听见有一个好赌的人,因为他自己输了赌钱,回来就去打他的女儿,不到两三下,他女儿的右臂就被他打断了。还有一个妇人,同他的丈夫因事口角,心里不高兴,后来就无缘无故的骂他的小孩子来泄愤。

讨论:大凡一个人有心事的时候,最容易迁怒于人,尤容易迁怒于子女,因为拿别人来出气,别人是不答应的,所以只好把自己的子女,拿来做出气的东西。这种弊病没有智识的固然容易犯,即使有智识的人也是常常要犯的。当发怒的时候，骂无好话，打无好拳，做子女的便受了无妄之灾了。即使不把子女打死，也要打伤；即使不打伤，也容易伤父子间的感情。这种举动，一方面于自己道德上，固然有妨害，而别一方面于家庭上也要发生烦恼。我想做父母的事后思之，也要觉得难以为情了。还有一层，因为自己不高兴，常常去打骂子女，子女就把打骂当作"司空见惯"的事，以后即使做错了事，受父母的打骂也不以为羞了！所以做父母的当发怒的时候，应当平心静气，使其躁释矜平。若拿自己的骨肉来泄愤，不是蠢愚得很吗？

原则七：小孩子弄坏东西，做父母的去责罚他，并不是因为可惜东西，是因为要改正他的行为

举例：小轩四岁大的时候，偶不当心把他母亲的一只描花盏敲破了。这只盏是他母亲的朋友送他母亲的，形式精巧，花样新颖，是他母亲最喜欢的。今天被他敲破，他的心里自然是很不高兴的，所以就拼命的打他一顿。

讨论：做父母亲的因为小孩子行为不好所以去打他则可；如果为了一只描花盏去打他则断断不可。试问为了一只盏值得去打自己的儿子吗？倘使为了一只盏去打他，那么做母亲的真所谓"重物而轻人"了。如果这只盏实为盖世的宝盏，那么做母亲的也只要打他几下以禁他下次罢了，用不到拼命的去打他。但是有许多做父母的，往往不懂这个道理，看见小孩子把糖吃完，因为可惜糖的缘故，就去打小孩子，至于小孩子肚子吃不吃坏，是不管的。看见小

孩子将洋灯弄翻,因为可惜火油的缘故,就去打小孩子,至于小孩子行为好不好是不管的。结果,小孩子因为父母爱物不爱人,就要怨恨他的父母,而他的行为自然不会改正了。倘使要小孩子不怨恨父母而且把他的行为改好,做父母的应当把他不好的行为说给他听,而且告诉他今天打他的缘故,并不是因为可惜东西,实在是因为他行为不改,而且禁止他下次不许再犯同样的过失,这样一来,小孩子能够知道他自己的过失,以后就容易改好了。

原则八:做父母的,当小孩子做错了事情的时候,应当重责其事,轻责其人

举例:有一个小孩子去偷别人的一支铅笔被他父亲知道了。他父亲骂他说:“你是个贼,你是个下流东西;倘使你下次再去偷,我就把你的十个手指头,个个割去。”这个小孩子被他父亲骂得昏天黑地。他一方面固然恨他自己行为不好,但是还有一方面非常恨他父亲骂他是个贼。后来他非但没有改过而且“变本加厉。”不到几天,邻家有一个小孩子又告诉他父亲,说他偷他的吸墨纸,又过几天,学堂里又有一个小孩子来告诉了,说他偷他的小皮球。他父亲以前骂他是贼,现在居然成为贼了。他父亲到底“儿女情长”,他的手指头是不会割去的,又不过拼命的骂他几句下流东西罢了。他们的邻家余君责罚他的子女不是这样的。他的子女倘使事情做得不好,他就骂他们所做的事而不去骂他们的人格。如有一天,余君的第三个小孩子,大约五岁大,看见他的小朋友有一枝很美丽的口箫就静悄悄的把它拿来了。后来被他父亲看见,一再盘问他,他

也不赖，一口承认是从他的朋友家里拿来的。他父亲就对他说："这枝箫是你朋友的，你不得你朋友的允许是不能拿来的。倘使被你朋友看见，他必定要说你的。我是知道你是一个很好的孩子，不过这样去拿人家的东西是很不好的。"这个小孩子听了他父亲的话以后就不敢再去拿别人的东西了。

讨论：我想做父母的去责罚他的人的缘故，是要激发他羞恶之心，使他慢慢儿改去他不好的行为。要知道无论什么人受奖励而做善是很容易的。小孩子尤其喜欢听好话而不喜欢听恶话，做父母的一去骂他的人，他的心就要很不高兴了，非但无悔过之心，而且长其为恶之心，所以他的人格从此堕落了。反之，做父母的只就事论事，那他以为不好的是事，而非其人，那么还有自新之路呢！

原则九：父亲或母亲打骂小孩子的时候，旁边人不宜来帮着说"可怜！可怜！苦呀！"这许多话

举例1：一鸣不肯刷牙齿，他母亲打他，他祖母跑过来说："可怜！要打死哉！"

举例2：静波不肯洗澡，母亲打他，他母亲在旁边说："可怜！不要去打他他！不肯洗随他。"

讨论：父母打小孩子是因为小孩子不听父母的教训或做错事情的缘故。所以当父母打小孩子的时候，旁边人是不应当来帮着小孩子说"可怜""真苦""不要去打他"等话语的。倘使这样去说他，那么小孩子以为他自己真是对的，父母打我是错的，父母要我刷牙齿、洗澡也都是错的。这样一来，小孩子下次愈加不肯听他父

母的话了。还有一层，旁边人说"可怜"这种话，小孩子不哭也要哭，不喊也要喊了。一方面养成他撒娇的行为，一方面又引起他怨恨父母的心理。所以当父母责罚小孩子的时候，旁边人绝对不应当来说这种话的。我的意思，旁边人任他父母打几下，然后去把他领开，而且教他下次要听父母的话，如说："要你洗澡，你要去洗的；要你刷牙齿，你也要刷的。切不可不听你父母的话，弄得父母要打。若下次再不听话，那我不来领开你了。"旁边人能够使小孩子少受皮肉上的痛苦，并且教训他下次，那是顶好的事情了。

原则十：不宜痛打小孩子以致打后懊悔不及

举例：芗丰吃饭以后，忘记把食物收拾好就出去玩耍了。有一只涎嘴的狗看见屋里没有人，就爬到桌上去，将所有的食物吃得净光而且弄碎几只碗。当这个时候，芗丰的母亲回来了，看见这种样子，火气直冲一面敲狗，一面喊芗丰。芗丰还没有知道这桩事情，一听见他母亲喊，就三脚两步的回来了。他母亲把他哄到房里把房门关上，立刻把他的衣服脱下，用竹枝向芗丰的身上大打而特打，一直打得竹枝也断了，气力也乏了，方才不打。这一顿打非同小可，芗丰雪白的身上，打得没有好肉了，血迹淋淋，斑痕点点，真令见者寒心，闻者酸鼻。在这个时候，芗丰的肉体上固然受了痛苦，而他母亲的精神上也受了极大的痛苦了。后来他说他邻舍狠心，不来劝劝；骂他媳妇没良心，不来把他的竹枝夺去；东说来，西说去，总说别人不好。这种话是他可怜芗丰的缘故，也是他懊悔的表示。

讨论:做父母的不能不打小孩子的,但是也是不得已而打的。如果能够不打,那么顶好;倘使不得已一定要打,那么也只要略打几下以禁他下次罢了;不应当不顾小孩子的痛苦,拼命的将他毒打。我想做父母的因为逞一时之怒,所以去毒打他们的小孩子;但是究竟骨肉情深,事后追思,没有一个不懊悔的,既要懊悔,何必当初呢?所以做父母的,与其追悔于后,不若慎重于始。

原则十一:当小孩子做错事情的时候,不应当为要博小孩子的欢心,就去责备别人

举例1:宽仁有一天早晨起来,不要穿鞋子,他母亲再三引诱他,他总不依。他母亲恨极了,不管他肯不肯,一只手拿着鞋,一只手拖他脚,硬要把他穿。他就两脚前后踢着,两手上下敲着,闭着眼,开着嘴,大哭起来了。那时候,他祖母正在门外看山景,听见他哭,就快快的回来,他一路走一路问道:“好好儿为什么哭的?”他母亲就告诉他不肯穿鞋子,而且说他这样撒蛮,这样无理。他祖母听到这些话,非但没有骂宽仁而且假惺惺的骂他媳妇说:“都是你不好,他是很好的,他是要穿鞋子的,都是你不好,走开!”他一面说,一面走到宽仁的面前,把他媳妇一推,而且轻轻打他几下。宽仁听见他祖母骂他母亲就一点不哭了。他祖母拿着鞋子替他穿上,而且假的又骂他媳妇说:“有你这个呆婆,吃米一升,吃肉一斤,连穿穿鞋子还不能,我们穿好以后,总要来打你一顿。”他替他鞋子穿好以后,又轻轻的去打他媳妇几下,而他的媳妇又故意放声哭起来,而且嘴里“阿唷,阿唷”的喊着。宽仁在这个时候,一点也不哭不

吵,很高兴的让他祖母替他穿鞋子了。

举例2:西庚不肯到学校去读书,他的“用人”再三说好话给他听,他总不承受。后来被他父亲听见了,就高声喊叫说:“谁说不要去读书?不要去读书的到我这里来。”他听了他父亲这样严厉,没有法子,只得到学校里去了。

讨论:小孩子应当做的事,一定要他去做;小孩子不应当做的事,切不可允许他去做;断不可因为要博小孩子的欢心起见,就说他好,而归罪于他人。要知道有许多小孩子的行为是很多乖戾的,做父母的如要博他的欢心,那么要日不暇给了。如小孩子的衣服每日一定要穿的,但是有许多小孩子有时候竟不要穿;小孩子的面每日一定要洗的,但是有许多小孩子有时候竟不肯洗,做父母的还是“赤身露体”“囚首垢面”的让他去呢?还是因为要引诱他穿,引诱他洗,而特意去骂替他穿衣服的洗面孔的人以博他的欢心呢?我想家里的长者必不许他“赤身露体”“囚首垢面”的,大概是要博他的欢心而归罪于人的;如果归罪于人,那么小孩子以为衣服是不应当穿的,面孔是不必洗的,替他穿衣服洗面的都是错的,而他自己绝对是对的,其结果,适足以长小孩子“自是”之念;即不然,他以为替他穿衣服洗面的人都是“饭桶”,实在不能胜穿衣洗面的任的,其结果,适足以引起他轻人之心;又不然,他因为受他父母的安慰和暗示,以为替他穿衣洗面的人,都是欺侮他的,其结果,适足以引起他撒娇的行为。小孩子犯以上三者之一,贻害将来,实非浅鲜,倘兼三者而有之,则更不可闻问了。我想做父母的也未尝喜欢他们的小孩子有以上的行为,实在因为被他们哭不过,吵不过,但求太平,没有法子,只得骂别人以引诱他安慰他。家长这种办法原不过是“一时权宜之计”,但是做小孩子的竟以此而养成不好的习惯了。所以小孩子做错事情的时候绝对不应当归罪于别人,应当责罚小孩子自己。倘使能够如此,那么小孩子以后不敢再有以前的行为了,不敢有"自是之念""轻人之心""撒娇的行为"了;做父母的以后也可不必用许多心思去引诱他、安慰他了。这种地方,我劝做父母的应当很留意的。

原则十二:做父母的不要常常去骂他们的小孩子

举例:云父和他的夫人对待他们的小孩子是很严厉的。小孩子稍有不好或说错了几句话,他们俩就拼命的去骂他们。有时候他们俩自己心里不高兴或做错了事情,他们无气可出也骂在小孩子身上。我记得有一天,云父的夫人一面替他儿子做长衫,一面同他的朋友谈谈话,谈得有趣的时候,不觉捧腹大笑。不料正兴高采烈的时候,他的衣服做错了。他气极了,就去骂他的儿子出出气。你想这个小孩子听他无缘无故的这样骂他,心里怎样?云父骂儿子,差不多也是这样的,而他的骂,实在不是叫做骂,简直可以说是取笑。有一天他同他的朋友从外边回来,看见客厅里摊着许多东西,桌子上放着一个竹做的畚斗,不觉勃然大怒。但是他不去叫他的儿子将畚斗拿去,而竟对他的朋友说:"老友!你到畚斗里去坐。"他的朋友听他这句话,竟不知所云,看看他的夫人,看看他的儿子,面上现出很奇怪的样子。但是他的儿子已经领会他的意思了,立刻走过来将桌上的畚斗拿开。等到拿开以后,他方才大骂他的儿子。诸如此类,不胜枚举。所以他们家里一天到晚听见骂声,而他的子女一天到晚怨恨他们。英直的家里不是这样的。他父母非但不以自己的事去骂他，就是他做错了一点小事，他的父母也不去骂他的，不过和和气气的对他说罢了。等到真正有过不去的事，他父母才去说他几句，所以以后英直一听见他父母的骂，就面红耳赤觉得非常倒霉。

讨论：责备的目的，一方面是要激发小孩子的羞恶之心，还有一方面是要使小孩子改他以前的过失。所以骂是不可以常用的，是“不得已而用之”的。倘使常常骂，那么小孩子就不以为意了。我常看见有许多做父母的一面骂小孩子而小孩子一面依然顽皮。又有许多小孩子听见父母骂他，他们就轻轻的骂他们的父母，做父母的因骂子女而得到这样结果，正是失脱骂的功用了。无论政府，无论家庭，赏罚是不能滥用的，滥用了，那么受之者不以为意了。法国自大战以后，只有一位福煦上将军，所以人民就以福煦为荣；我们中国自民国以来，有好几打的上将军，所以人民不以上将军为荣了。政府天天下通缉令而被通缉者依然逍遥法外不以为虑，于是政客武人也不以通缉为可畏，仍旧做无法无天的事情。一个政府，等到赏不足劝罚不足惩，那真无法可想了。一个家庭也是这样的。倘使做父母的天天骂小孩子，那么小孩子当把骂作耳边风了，恐怕还有几个小孩子以骂声当作惯听的声音，以骂者当作留声机器。等到小孩子以骂者当作留声机器，简直不以父母为人了。归纳起来做父母的常常骂小孩子，其害有三：1. 失脱骂的效力。2. 引起小孩子轻视之心。3. 引起小孩子厌恶之心。好好一个小孩子反变成一个坏小孩子了。

原则十三:做父母的不应当以一已之喜怒,来支配小孩子的动作

举例:我曾看见有一个老太太,不知为什么缘故独自个坐在阶石上纳闷。他忽然看见他的孙子七跳八跳的在天井里跳跃,心里就老大的不高兴起来,立刻叫他的孙子走近前来,逼他坐在他的旁边念一百二十句阿弥陀佛。小孩子念好之后,这位老太太心里也不觉得烦闷了,就把这个孙子抱起来拍拍他说什么小心肝,什么小宝贝这等话。又有一小孩子,正当号哭的时候,他父亲当着客人面前逼他张口大笑。小孩子虽勉强笑了几声,但是他的泪容还是依旧存在。这种例子实在很多,如父母心里不高兴的时候就逼他们的小孩子去读书、写字,或挑水、扫地等等,也不问小孩子的意志怎样?心里怎样?所做的事情,他能否胜任,只一味以他自已的意志为意志罢了。这种情形,普通人家是常常有的,至于稍有智识的家庭,比较的还少一点。

讨论:一人自有一人的意志。做父母的不能以一已之喜怒来支配小孩子的动作,犹小孩子不能以自已之喜怒去支配他父母的动作。虽父母可以差使子女,而子女不能差使父母;然父母亦必须尊重子女的意志,断不能以一已之意志为意志,而驱使子女像牛马一样。我们中国的旧家庭对于子女是很严厉的,古有"君要臣死不得不死,父要子亡不得不亡"之说,所以父权日重,而小孩子的意志日益浅薄,自由幸福也从此没有了。以喜怒来支配小孩子的动作的弊病既如上述,但是有许多人因为溺爱他们小孩子缘故,常常以

小孩子的喜怒来支配他们自己的动作的。小孩子得到这种孝父孝母,遂成为天之骄子了,强横霸道无所不为;到了极点,则有弑母屠兄的惨剧。这种弊病在社会上也是常常看见的。所以我反对做父母的以一己之喜怒来支配小孩子的动作;我也反对做父母的以小孩子的喜怒为喜怒。

总结:小孩子应当不应当受体罚呢?这个问题实不容易解答的。有人主张小孩子非受体罚不会弃恶从善的,也有人主张我们成人绝对不宜施行体罚的。主张体罚的说:"小孩子最怕的是身体的痛苦,小孩子有时候很顽皮很倔强,非用体罚不足以改其非。"反对体罚的说:"体罚是最野蛮的手段,丧失小孩子的人格。也是丧失做父母的人格,我们有许多好的积极的方法,可以教小孩子使他改恶从善;若不能用别的方法而只诉诸野蛮的体罚,这分明是显出家庭教育之失败。"

以上两说,各有理由。以我看来,凡做父母的自身曾经受过良美教育而能施良美教育于子女的,那体罚当然可以免用。但是我们一般普通的父母虽不应常常诉诸鞭挞以指导我们的小孩子,然有时也或要用到的。用体罚以指导小孩子易,不用体罚而用别的良法以指导小孩子难。若能用别的良法以指导小孩子,那我非常赞成的;若不能用别的良法而能善用体罚以指导小孩子,我也赞成的。我所忧虑者就是一般做父母的不知道怎样责罚小孩子以损害小孩子和自己的人格,所以我特地把责罚小孩子的条件,在上面详细一条一条的说出来做,以期做父母的不会滥用他们的威权。现在我再把总起来写在下面,责罚小孩子的条件。

1."诱导"比恐吓、哄骗、打骂都来得好。若能以诱导法得到良结果的,我们千万莫去打骂我们的小孩子。

2. 未责罚小孩子以前，做父母的应当探索小孩子作恶的原因；不要一味地瞎打瞎骂。

3. 做父母的在未打骂小孩子以前，还要详细考察他的过失，要深知他所犯的究竟是什么过失；不要不分皂白，乱施鞭笞。

4. 即使要责罚小孩子，做父母的不要在众人面前去责罚他以保存他的羞恶之心。

5. 即使要打骂小孩子，早晚不应该打骂他，若是早上打骂他，他一天要不舒服，若是晚上打骂他，他一夜要不得安睡。

6. 做父母的不可迁怒于其子女。

7. 还有做父母的责罚小孩子的时候，应当重责其所做错的事情而应当轻责其人以予他自新之路，以保存他的人格。

8. 打骂的时候，旁人不宜来帮着说："可怜！可怜！"等话免使小孩子相信自己是对的，相信打他的人是错的。

9. 不宜痛打小孩子以致打后懊悔不及。

10. 做父母的不要常常去打骂他们的小孩子，因为常常施行打骂，那打骂就失其效力。

若能履行以上所说的条件，那打骂是可以行的，否则不若不施行打骂之为愈。

第十二章　怎样可以使小孩子的经验格外充分些

原则一：做父母的应当常常带领小孩子到街上去看看

举例：一鸣从小有机会到街上去游览的。他很小的时候若听说到外边去，那就高兴得了不得。他最喜欢看路上的行人与动物，所以差不多天天我们总抱他出去看看的。

到了年纪稍微大一点而略能了解人事的时候，我常常带他到街上去玩玩或者去买东西。凡他喜欢看的东西，我们就止步看看。什么驴子磨豆，什么机匠织布；什么衣庄里卖衣，什么市场里卖菜；什么煎油条，什么做烧饼，什么卖拳头，什么变把戏：凡此等等他都喜欢看的，我也陪他看看。看的时候，他有不懂的地方，我告诉他，因此他的知识渐渐丰富起来了。

讨论：普通人的常识是非常缺欠的，不辨菽麦、不知斗秤者滔滔皆是。日常所用所吃的东西，我们大概只知道怎样用的怎样吃的而不知道他怎样做的，怎样变成的，也不知道他出在那里，生在那里的。比方，我们日常吃的豆腐，有许多人从没有看见过他怎样做的，又比方我们穿的布，有许多人从没有看见过他怎样织成的。

小孩子好游戏的

游戏可以健强身体丰富知识，培养道德，

所以我们应当给小孩子良好的设备以及游戏的机会。

小孩子小时固然能独自游戏但是喜欢与人游戏的，

然团体游戏小孩子大来方能做的。

这些小孩子各玩各的何等快乐！

我们要晓得常识缺乏的人大概是不会有什么作为的，而且对于他自己做人也是很吃亏的。所以做父母的应当常常带小孩子到街上去看看，以丰富他的知识，以增进他的经验。

原则二：凡小孩子能够自己做的事情，你千万不要替他代做

举例：我常看见有六七岁大的小孩子，做父母的或“用人”还是替他喂饭，替他穿衣服，替他开开门户，收拾东西。小孩子要摇铃，做父母的就摇给他听，小孩子要敲鼓就敲给他看。其实小孩子对于这种游戏都喜欢自己去做，不特听听看看罢了。有一乳娘抱着一个三岁大的小孩子，嘴里吹着一支竹箫；小孩子两手抓着嘴里喊着“要”；但是他总不肯给他。我问他：“你为什么勿给他呢？”他说：“他要敲破的。”其实这支箫不过值得几个铜元，即使给他敲破，也值不得什么，何必一定不给他吹呢？后来他因为他缠绕不过，就把这枝箫给他把他放在桌上叫他自己玩。这个小孩子一不当心，这支箫就跌在地上了。小孩子正要自己去拾，他立刻匆匆忙忙的替他拾起来，小孩子因为他拾了，就困在地上大哭，嘴里还咭哩咕哩的骂着。又有一个大腹的孕妇手里抱着他的五六岁大的小孩子，从楼上下来。我实在看得可怜，就问他：“你为什么勿叫他自己走呢？”他说：“恐怕跌下去。”我看他们的楼梯并不高，五六岁大的小孩子走走是不妨事的；即使恐怕他跌，他只要很当心的看着罢了，何必去抱他呢？小孩子要走没得走，他要休息不要休息，实在是大家不上算的。至于替小孩子穿衣服，普通做父母的尤容易犯。有一个十岁的儿童每天早晨起床总要叫他的姨娘替他穿衣服的。

倘使他姨娘不来,那他只好困在床上了。他到学堂里去,他父母天天用车子送他去的。他的家距学堂并不远,况且他的年纪已经有十岁了,自己走走有什么要紧呢?但是他的父母因为恐怕他要辛苦,所以总用包车迎送他。以上诸例是我所知道的,其余例子像这样的实在很多,我也可以不必举了。现在我们对待一鸣不是这样的。他起居饮食,收拾东西等等都是要他自己做的。有时候他实在不能够,那么我们方才去帮助他。我有一位朋友的小孩子现在不过三岁半,每日总是自己洗刷牙齿两次,一次在早晨起床以后,一次在夜间临睡以前。还有一个小孩子,他从小在他外婆家里长大的。五六岁大的时候,他外婆就叫他自己穿衣服。再过一二年,起床以后,他外婆就教他折被褥。后来他年纪慢慢儿大了,这位老太太叫他扫地抹桌子,冲茶搬饭,应对进退,一举一动,都有规矩,而且不论路的远近,总叫他自己慢慢儿走,永不许他坐轿的。后来这个小孩子身体很强壮。行为举动也是很好的。这种教育可以说是良好的家庭教育,我希望教育子女的大家采用采用罢。

讨论:替小孩子做事情,其弊有三:

(1)剥夺小孩子肌肉发展的机会:小孩子愈动作则他的肌肉愈能够发展;反之则他的肌肉就要退化了。我们看纨绔子弟,王孙公子,起居饮食,出入进退,都有人服侍,所以他们的身体孱弱无力,见风就生病,见太阳就发痧是其明征。不特人类如此,就是蚂蚁也是这样的。蚁王住在房里,食物都是别的小蚂蚁拿来给他吃的;所以到后来,他的两个钳就退化了。不幸有意外之事,他只好坐以待毙。做父母的倘使不明了这层道理,一味去爱惜他,服侍他,那么他的肌肉也要像蚁王一样退化了。

(2)养成小孩子懒怠性质:小孩子的事情样样由他父母替他代

做去，那他以后就不高兴自己去做了。他视父母如奴隶，以为是上帝给他的侍者，所以无论什么事都要推父母去做。以后他在社会上做事，也成为不尽职务的人了。我们可以说大多数人的懒惰都是在他们小的时候养成功的，也可以说是他们父母替他们养成的。这种好吃不做事的人，倘使家里有钱，那他还可以过他懒惰的日子；倘使不幸而家道中落，那他为饥寒所逼，就要流而为贼了。

(3)养成小孩子不识世务，不知劳苦的性质：不亲自做过事情，则不知别人的劳苦；不经过许多事务，则不知世务的艰难。一班少爷公子只知驱使人们替他们去做事情，一不称心则鞭挞随之，因此慢慢儿成为不知世故人情而且没有人道的人了。这种坏脾气恶习惯大概是从小由他们的父母或"用人"替他们去做事情所养成功的。

替小孩子去做事的害处既如上述，现在且将小孩子自己去做事的好处说一下：(1)可以发展他的肌肉；(2)可以养成他勤俭的性质；(3)可以使小孩子知道做事的不易和世务的艰难；(4)并且可以养成独立的精神。推想普通做父母的替小孩子做事的缘故，大概是因为小孩子做事慢而且容易闯祸，不若自己替他做来得快而且不会闯祸。其实小孩子事情做得慢没有什么要紧的，即使事情弄坏了，也不打紧，何以因此而就替他去做呢？替他去做既有三害，叫他自己做既有四利，所以我希望做父母的凡小孩子能够的事情都让小孩子自己去做吧。

原则三：叫小孩子做事，不宜太易，也不宜太难，须在他的能力以内，而仍非用力不可的

举例1：丽利现在已经有九岁了，年龄慢慢儿大起来了，他的肌肉也逐渐发达了。有一天早晨起来，他父亲看着地板笑嘻嘻的问他说："你能够扫地吗？"他听了他父亲的话，面上显出不高兴的样子，回答他父亲说："扫地是怎么一回事，有什么烦难呢？"说毕就去找了一把扫帚在房里打起精神扫了一番，扫好以后，对他父亲说："爸爸你看，扫得怎样？"丽利平日在家常常扫地的，所以看扫地是一桩很容易的事。他父亲因为他自命不凡，就再对他说："你倒拖拖地板看。"丽利是很好胜的，一听见他父亲的话，就去拿了一把拖帚在脚盆里浸了几浸，这把拖帚本来有好几斤重，现在再加上水的分量，更加重了。他用了许多气力，方才拿到房里，但是在这个当儿，已经不能拖地板了，脸上显出很倒霉的样子，低了头径自出去了。

举例2：今天（十二年十一月二十一日）早晨，我特意叫一鸣送一封信到他先生这里去（先生住的地方，离我们约有二百码之遥）。不过，我远远地在后面看着。起初到他先生的前门敲了几下，但是他因为里面没有答应，就回转来了。我看见他回来，跑过去对他说："往后门去。"他就往后门去了，看见了一个用人，就把这封信交给他。

讨论：小孩子每天应当替父母做一点事体，使他知道他也是家中的一个重要分子并且也能够替父母帮忙，这是于两方面都有好

处的。不过做父母的叫小孩子所做的事情，不要太易，不要太难罢了。倘使所做的事太易，那么小孩子一则不高兴去做，二则无进取心，三则以为父母小看他，叫他做这样容易的事体，恐怕就要不大高兴。反之，做父母的叫他做太难的事情，那么小孩子一则畏难不敢去做，二则以为父母虐待他，叫他做这样艰难的事情，以后就要怨恨父母了。所以做父母的叫小孩子做事不宜太易，也不宜太难，当在他能力所能做的事，而叫他去做。富贵人家的子弟，日惟三餐，夜惟一梦，终日不做一事，做父母的也不叫他们去做，即使叫他们做也是拣极容易的事。因此他们嬉戏好闲，毫无进取的精神；而且肌肉不会发达，身体不会强健。贫寒子弟，往往受父母的指使，无片刻的休息，而且所做的事大概非他们能力所能及的。如五六岁的儿童，做父母的就叫他们上山采柴，下河汲水，他们一则逼于父命，二则逼于饥寒，不敢不去做，也不得不去做；但是他们因为用了过分的气力，往往显出瘦弱的现象来。这种小孩子，说起来，实在可怜得很，做父母的要他们身体强健，断不能叫他们去做太难的事情。至于富贵子弟，也实在可怜得很，做父母的要他们肌肉发达智识增进，而且要使他们有进取的精神，则断不能叫他们一点事不做，或做极容易的事，不过叫小孩子所做事情的难易，须以他们身体的强弱为转移的。身体强，那么所做的事也应当较难一点；身体弱所做的事，应当较易一些。总之在小孩子能力以内，不要太易也不要太难就是了。

原则四：不应当禁止小孩子去试验物质

举例：小孩子大概是喜欢玩弄东西的，看见雪就要弄雪，看见沙土就要弄沙土，看见钉就要敲，看见纸就要剪；但是做父母的一则恐怕小孩子衣服弄脏，二则恐怕小孩子多危险，所以总不肯答应他们去玩。我尝看见一个八九岁大的小孩子看见天井里积了尺许厚的雪，就将他身扑在雪上印成一个人的影子。不幸被他外婆看见了，就骗他进去打了他一顿。后来他又用竹竿在屋檐前的打落一根很长的冰，他拿在手里当作马鞭装赶马的样子。他外婆看见立刻显出一副可怕的脸孔来骂他道："大清早起也不读一句书，就来弄雪；弄了雪不够又来弄冰，你爷娘养你这种东西，倒不如养猪狗好。"骂得这个小孩子昏天黑地连一句话也不敢回答。你看这个小孩子可怜不可怜呢？又有一个一岁半的小孩子，同他母亲在野外玩的时候，看见一个干燥的小潭就要下去玩玩；但是他的母亲因为怕他衣服弄脏总不准他下去。其实这个潭既经干得许多日子了，对于小孩子既然没有什么险，也并不龌龊，何必去阻止他呢？小孩子大概是喜欢弄沙泥或砾石的。泰戈尔八九岁的时候，同他父亲到喜马拉雅山去，拾了许多小石装满了他的两只衣袋。这是一个很好的例子，可以证明小孩子大概是喜欢弄沙石的。他的父亲非但不去禁止他，而且要他去拾可爱的石子。我对待一鸣也是这样的，一鸣有一天同我到野外去。看见一堆沙就走过去玩；玩了许多时候，我叫他回去，他还不肯去。他有时候喜欢敲钉，我就让他去敲钉；他有时候喜欢剪纸，我就让他去剪成鸟兽人物的形象。总说一句，我是让他去试验物质，不愿轻易去阻止他的。

讨论：小孩子不玩雪，则不知道雪是冷的，雪是遇热而融化的；不玩沙石，则不知道沙石是硬的；不剪纸，不敲钉，则不知道钉和纸的性质，锤和剪的用法。所以小孩子试验物质可以得到许多经验，长进许多智识。做母亲的也未尝不喜欢他们的儿童经验丰富，智识长进；但是因为恐怕小孩子衣服弄脏，皮肤受伤，所以常常去阻止他们。其实皮肤损伤是不要紧的；衣服弄湿弄脏，只要替他们换换罢了，何必阻止他们呢？化学家试验化学常常将衣服弄破，但是化学家不因此而废学；体育家运动常常皮肤受伤，但是体育家不因此不运动。是可知受一次损伤就有一次经验，弄一次血出即长一次智识。小孩子试验物质也是这样的。常有做父母的不明了这一点去禁止他们的小孩子，真可谓“爱之而适足以害之”了。

原则五：做父母的应当利用儿童的好问心以作教育儿童的一种良好动机

举例1：有一个五岁的小孩子一看见素来没有见过的东西总要去问问他母亲。他的母亲因为没有什么学问，所以常常不能回答他。有一天，这个小孩子看见一个乌龟就去问他母亲说：“那个会爬的是什么东西？”他母亲回答说：“乌龟。”他又问他说：“那个东西有几只脚？”答说：“四只。”又问说：“那个东西为什么有这样硬的壳呢？”他母亲厉声回答说：“尽管会呆问的，乌龟自然有硬壳的，走开去！我没有功夫！”

讨论:这个母亲自己既然不能回答他小孩子的问句,理应很谦虚地回答说:“我不晓得”,或者回答说:“等我去问人再来告诉你。”反而骂他“呆板”,叫他“走开去”。他的小孩子这样一来,以后就不大敢问他了。

举例2:又有一个母亲,他在学校里曾受过了几年教育。对于教养子女方法也稍知一二。他的小孩子问他,他没有不尽量回答的,若他不能回答,他就去问了别人再来回答他的小孩子。有时他小孩子的问句不应在人面前回答的,他就以婉言告诉他小孩子说:“等一下我告诉你。”歇了一歇,他就详尽地对他小孩子说个明白。他的小孩子因此得了许多知识。

讨论:这种有问必答的教育方法固然比谢绝问难的来得好,然也有很大的危险在其中。若小孩子一问我,我就直接答他,使他不必再去探讨再去思索。到了后来,反使他事事要来问了。就是他应当自己先去探索的,不去探索而反即来问人。这样反使他养成了一种依赖人的坏习惯。

举例3:有一日,有一个五岁的儿童某同他父亲到郊外去散散步,远远地看见一个儿童正在那里放风筝,就问他父亲说:“那个小孩子在那边做什么?”他父回答说:“你要去看看吗?”就一同与他过去看看。到了他父亲对他说:“嗄!那个在空中的多少好看。你看那个小孩子手里捻了什么东西,要走近去看一看吗?”他就离开他的父亲走到那个小孩子的旁边,看见那个小孩子捻了一根粗的线,就回来告诉他父亲说:“线。”他父亲又问他说:“你要同那个小孩子那样做吗?”他说:“要的。”他父亲就领他到街上去买了纸竹等材料,回到家中做了一个风筝给他,并到了第二天同他到郊外也去放风筝。

讨论:你看这种利用儿童的好问心的方法比前一种“有问必答”的教法来得好。这个父亲不直接回答他小孩子而反引他到那放风筝的地方去看放风筝,并慢慢激起他小孩子的兴趣去买纸竹做风筝等事,使他得到了许多快乐和许多有用的经验。这种利用问难的方法虽费时耗神,但于小孩子确有莫大的益处。

总起来说,我们做父母的不要拒绝小孩子的问难,也不要以“有问必答”的方法对付他;我们应当利用他的问难来施行我们的理想教育。

试验物质

这个女小孩子现在只有一岁零七个月的光景，然而他能独自在此玩弄沙泥，虽玩了半点钟也不会讨厌的。

做父母的应当备一点沙泥给小孩子玩玩；一方面小孩子因此可以自由试验物质，享受露天的生活，一方面做父母的因此可以得着一点休息，不受小孩子的缠绕。

将来的国民

参考书目

1. Baker, E. D. : *Parenthood and Child Nurture*, MacMillan Co., 1922.

2. Cabot, E. L. : *Seven Ages of Childhood*, Houghton Mifflin Co., 1921.

3. Cope, H. F. : *The Parent and the Child*, George H. Doran Co., 1921.

4. Beery, R. C. : *Practical Child Training*, 4 books.

5. Bruce, H. A. : *Psychology and Parenthood*, Dodd, Mead & Co., 1915.

6. Clark, H. B. : *Mother's Problems*, The Judson Press, 1922.

7. Drummond, Margaret: *Five Years Old and Thereabout*, Edward Arnold, London, 1921.

8. Forbush, Wm. Byron: *Child Study and Child Training*, Charles Scribner's Sons, 1915.

9. Forbush, Wm. Byron: *The Government of Children between Six and Twelve*, Abington Press, 1923.

10. Forbush, Wm. Byron: *The Boy Problem in the Home*, Pilgrim Press, 1915.

11. Griffith, J. P. Crozer: *The Care of Baby*, Sixth Edition, W.

B. Saunders Co., Phila.

12. Griggs, E. H.: *Moral Education.*

13. Groszmann, M. P. E.: A *Parent's Manual*, Century Co., 1923.

14. Gruenbery, S. M.: *Your Child Today and Tomorrow*, Lippincott.

15. Harrison, Elizabeth: *The Unseen Side of Child Life*, MacMillan Co., 1922.

16. Hartshorne, Hugh: *Childhood and Character*, Pilgrim Press, 1919.

17. Haviland, Mary S.: *Character and Training in Childhood*, Small, Maynard & Co., 1921.

18. Key, Allen: *The Education of the Child.*

19. Liber, B.: *The Child and the Home*, Rational Living, 61 Hamilton Place, New York, 1923.

20. Lynch, Ella F.: *Bookles s Lessons for the Mothers*, MacMillan Co., 1922.

21. MacKeener, Wm. A.: *Training of the Boy*, MacMillan Co., 1915.

22. MacKecner, Wm. A.: *Training of the Girl*, MacMillan Co., 1914.

23. MacKinder, I. M.: *Individual Work in Infant's Schools*, Educational Publishing Co., London, 1923.

24. Patri, Angelo: *Child Training*, D. Appleton Co., 1922.

25. Ramsey, W. R.: *Infancy and Childhood*, J. M. Dent &

Sons, London, 1916.

26. Read, Mary L.: *The Mothercraft Manual*, Little Brown & Co., 1919.

27. Sneath and Dodge: *Moral Training in the School and Home*, MacMillan Co., 1914.

28. Scott, M. F.: *Meeting Your Child's Problem*, Little, Brown & Co., 1922.

29. Stoner, Winifred S.: *Natural Education*, Bobbs-Merrill Co., 1914.

30. Stoner, Winifred S.: *Manual of Natural Education*, Bobbs-Merrill Co., 1916.

31. Terman, Lewis M.: *The Hygiene of the Child*, Houghton Mifflin Co., 1914.

32. Waddle, C. W.: *An Introduction to Child Psychology*, Houghton Mifflin Co., 1918.

33. White, Wm. A.: *The Mental Hygiene of Childhood*, Little, Brown & Co., 1923.

34. Bruce and Wiener: *The Education of Karl Witte.*

35. MacCarthy, F. H.: *Healthy Child from Two to Seven*, MacMillan Co., 1922.

36. Martin and Dr. Gruchy: *Mental Training for Pre-school Age Child*, Wagner, Harr, 1923.

37. Kamun, M. E. *Pre-school Age*, Little Brown & Co., 1925.

38. Smith, R. M.: *From Infancy to Childhood*, Little Brown & Co., 1925.

39. Smith,N. A. :*The Home-made Kindergarten.*

40. *The American Home Series*, edited by Norman E. Richardson Abingdon Press,New York. 现已出了三四十种,所讨论的都是关于家庭教育的重要问题,凡研究家庭教育者,不可不读。

41. 王謌译:《宁馨儿》,中华书局,民国十年十二月出版。

42. 王謌编译:《儿童鉴》,民国九年再版。

43. 戈朋云:《家庭教育必要》,民国三年十月。

44. 陈鸿璧译:《儿童之训练》,商务印书馆。

陈鹤琴先生学术年表*

1892 年(光绪十八年)

3 月 5 日(农历壬辰年二月初七),生于浙江上虞县百官镇茅家弄。父严母慈。有四兄一姐,排行最小。

1899 年(光绪二十五年)

农历正月十六日,进私塾读书。前后共拜过四位先生,换了三个私塾,读了六年书。

1910 年(宣统二年)

冬,以优秀成绩毕业于蕙兰中学。

1911 年(宣统三年)

考进圣约翰大学,插入一年级下学期。秋,转考入清华学堂高等科一年级。开学不到两个月,武昌起义爆发,学校遣散,回到杭州,剪掉辫子,回圣约翰大学读书。

1913 年

民国成立,回清华读书。

1914 年

夏,毕业于清华学堂,作为庚款留学生赴美深造。

---

* 本年表由柯小卫、束菱舟根据《陈鹤琴全集》附《陈鹤琴生平年表》选辑、整理。

8月15日，由上海启程乘船赴美，与陶行知同行。原选择学医，经反复思考，确定了学教育并以献身教育事业为志向。

10月，插班约翰斯·霍普金斯大学二年级。

1917年

夏，在霍普金斯大学毕业，得文学学士学位。

秋，入哥伦比亚大学师范学院，专攻教育学和心理学。师从克伯屈、孟禄、桑代克、罗格等著名教授，受益匪浅。

1918年

在哥伦比亚大学获教育硕士学位，又转入心理系，师从伍特沃思教授，准备博士论文。

1919年

"五四运动"爆发，深为爱国青年奋起救国之精神和"民主"与"科学"口号所鼓舞。向国内申请延长学年报告未及时获复，决定放弃攻读博士学位，接受南京高等师范学校校长郭秉文之聘请回国执教。8月15日，乘船回到上海。

9月，在南京高等师范学校教授教育课、心理学、儿童教育学。

11月，在《新教育》杂志撰文《学生自治之结果种种》，介绍美国学校有关学生自治的学说及其实施效果。

1920年

2月，在杭州与俞雅琴结婚。12月26日，长子一鸣出生。在妻子的配合下，将一鸣作为实验与研究儿童心理的对象，对其从出生的身心发展进行跟踪观察和文字、摄影记录，共808天，并做系统的研究。

1921年

4月，先后发表《学生婚姻问题之研究》《儿童心理及教育之方法》《心理测验》等文。

7 月，与廖世承合著的《智力测验法》出版。

是年，南京高等师范学校的教育、农、工、商科改为东南大学。任学校行政委员会委员、教务部主任。

1922 年

是年，编成我国第一本汉字查频资料《语体文应用字汇》，发表于《新教育》杂志。此研究成果对编写小学课本和普及教育起了推动作用。

与廖世承合编的《比奈–西蒙智力测验法》和《比奈–西蒙智力测验材料》，由商务印书馆出版。在《教育汇刊》发表《我对儿童惧怕心之研究》，在《心理》杂志发表《智力测验的用处》《研究儿童知识之方法》《理解性之学习法》等文。

1923 年

2 月 17 日，第二个孩子秀霞出生。继一鸣之后，也对她进行身心发展的试验与研究。

春，倡议设立幼稚园，由东南大学教育科支持。秋，在鼓楼自家住宅的客厅和院子里办起一所幼稚园，取名南京鼓楼幼稚园，以试验中国化、科学化的幼稚教育；自任园长，首次招幼儿 12 名。

1924 年

根据对一鸣成长的观察和研究，编成《儿童研究纲要》。

是年，在《新教育》杂志发表《现今幼稚教育之弊病》，在《中华教育界》杂志发表《调查小学之方法》等文。

1925 年

是年，《儿童心理之研究》（上下册）和《家庭教育》两本专著被收入"大学丛书"，由商务印书馆出版。两书系其根据对自己孩子身心发展的研究及家庭教育的实验，阐述儿童教育学说和家庭教育原则。陶行知称此书“系近今中国出版教育专书中最有价值之著作”。

与廖世承合著《测验概要》由商务印书馆出版，被列为“高等师范学校丛书”。

1926 年

在鼓楼幼稚园主持实验幼稚园的课程、设备，教导幼稚生应有的习惯和技能等，以实验成果供全国参与。与张宗麟合写《一年来南京鼓楼幼稚园试验概况》一文，由《新教育评论》发表。

是年，在《教育杂志》发表《未达学龄的儿童之研究》《一个儿童的人形画之研究》等文。

1927 年

2 月，与陶行知、张宗麟一同发起成立幼稚教育研究会，创办会刊《幼稚教育》，任主编，发表《发刊词》和《我们的主张》。后者根据办幼稚园的理论和实验总结，提出适合我国国情和幼儿特点的 15 条办幼稚园的主张。

是年，在《教育杂志》发表《幼稚教育之新趋势》。

1928 年

5 月，参加由蔡元培主持召开的第一次全国教育会议，与陶行知共同提出《注重幼稚教育案》。

受大学院（后改为教育部）之聘，任全国中小学课程暂行标准起草委员会委员，并负责起草全国《幼稚园课程暂行标准》。《幼稚园课程暂行标准》于 1929 年 9 月起在各省市试行，经实验和修改后，于 1932 年 10 月由教育部正式颁布实施，成为我国统一的幼稚园课程标准。

6 月,《语体文应用字汇》作为“中华教育改进社丛刊”,由商务印书馆出版。

1929 年

7 月,创建中华儿童教育社,出席在杭州召开的成立大会,任主席。

1930 年

是年,在《儿童教育》发表《创造的艺术》《再和小学教师谈谈》《小学教育问题》等文。

1931 年

12 月 3 日,主持中华儿童教育社上海社员读书会,请张恪惟讲演“东三省问题”。在会上讲话,勉励大家“在儿童身上努力做功夫,积极引导儿童走救国之途径”。

在《儿童教育》发表《四年来之中国幼稚教育》等文。主编《好朋友》丛书(14 册)及《少年儿童图画诗歌》(12 册)。

1932 年

11 月,中华儿童教育社在南京举行第三届年会,讨论健康教育问题。在会上宣读论文《心理与心理卫生》。

与陶行知、张宗麟合著《幼稚教育论文集》,由儿童书局出版。编写的《幼稚园课本》(16 册),由儿童书局出版。

1933 年

1 月,参加发起成立中国教育学会,出席在上海举行的成立大会,被推选为理事,负责主持其中的幼稚教育研究委员会。

是年,在《儿童教育》发表《谈谈做父母的条件》等文。

1934 年

7 月 28 日至次年 3 月 7 日,赴英国、法国、比利时、荷兰、德国、苏联、波兰、奥地利、意大利及瑞士等 11 国考察教育。回国后介绍世界教育趋势和先进教育经验。

是年，把从欧洲带回的木偶玩具赠予南京鼓楼幼稚园，鼓励教师参照制作各种木偶，教小朋友表演；指导上海工部局小学老师虞哲光创制中国现代化儿童木偶戏。

1935 年

是年，在上海《晨报》《新闻报》发表《欧洲各国小学教育新趋势》；在《教育杂志》发表《怎样做父母》；在《东方杂志》发表《为儿童造良好的环境》。与屠哲梅合编译的《世界儿童歌曲》（第一辑），由商务印书馆出版。

1936 年

编《最新英文字帖》（5 册），主编《儿童国语读本》（3 套）和《儿童作文读本》（12 册）出版。

1937 年

抗日战争爆发。8 月和 11 月，先后任上海国际救济会常委兼教育组主任和上海国际红十字会教育委员会主任，负责领导开展难民中的儿童教育、成人教育和职业教育。在 200 个收容所的 160 多所学校中，有 2.7 万多名难童受教育。

10 月 16 日，在《大公报》发表播音讲话“怎样做父母”和“怎样教小孩”。编《最新英文读本》（4 册）出版。

1938 年

经过实地调查和实验，在难民收容所大规模推广学习拉丁化新文字运动。先后在十个收容所做学习新文字的实验，开办新文字教育训练班。

7 月，与陈望道、方光焘共同发起成立上海语文学会，被推为理事长，陈望道为副理事长。

是年，与屠哲梅、丁光燮合编《我的工作簿》（上下册），由商务印书馆出版；与陈选善共同主编《中国历史故事》丛书、《小学自然故事》丛书（各40册），由上海民众书店陆续出版。

1939年

由于参与宣传抗日及新文字运动，被汪伪特务列入暗杀名单，被迫避居宁波。11月13日晚，汪伪特务持枪闯入其住宅，因已转移，幸免于难。

年底，滞留宁波，着手写作自传《我的半生》。

是年，与钟昭华、屠哲梅合编《世界儿童节奏集》（上下册），由世界书局出版；与钟昭华等合编《一年中幼稚园教学单元》，由商务印书馆出版。

1940年

4月，应江西省教育厅厅长程柏庐邀请，来到江西泰和筹办幼稚师范学校，以实现推行“中国化”幼稚教育，由中国人自己培养幼教师资的愿望。8月，开始招收新生138名，设三个班级，名为“创造”“光明”和“服务”，附设幼稚园。学校定名为“江西省立实验幼稚师范学校”。10月，正式开学，担任校长。

1941年

1月，《活教育》杂志创刊，任主编，发表《发刊词》，提出“活教育”使命是要把“腐化的教育，变为前进的、自动的、有生气的教育”；“使教师教活书，活教书，教书活”；“使儿童读活书，活读书，读书活”。

1942年

是年，在《活教育》撰文《师范教育为什么要实验》与《从幼稚教育说到幼稚师范教育》。

1943 年

2 月,国民政府教育部批准将“江西省立实验幼稚师范学校”改为“国立幼稚师范学校”,增设幼稚师范专修科,培养幼教高级师资和研究人才,形成由专科部、师范部、小学部、幼稚园、婴儿园与国民教育实验区组成的完整的幼稚师范教育体系。

是年,在《活教育》杂志撰文《训育的基本问题》。

1944 年

2 月,召开实验“活教育”筹划会议,讨论“活教育”课程及教学实施问题,组织“活教育”课程起草委员会,制订“五指活动”实施大纲(草案)。

1945 年

1 月,日军向赣南进犯,赣州危急,当局下令遣散机关、学校,疏散人口。教育部拨下疏散经费 100 万元,却不能兑付。经四处奔走,向青年会、圣公会借钱 8 万元,带领 200 余名师生,以及学校部分图书、设备,经长途跋涉,于 30 日抵达宁都。3 月,先后在南丰、广昌寻找新校舍,最后选定广昌甘竹乡饶家堡,师生一道重建校园。

8 月,抗战胜利消息传来,与师生员工及村民一道欢庆胜利。重建被严重破坏的南京鼓楼幼稚园,聘园主任,自兼园长,于 12 月 3 日复园开学。

11 月,创办上海市幼稚师范学校,任校长,设附属小学、幼稚园,于 12 月 24 日正式开学。

1946 年

7 月 25 日,主持生活教育社暑期进修班开学式,突闻陶行知逝世，深感悲痛。26 日，参加陶行知入殓仪式。12 月 1 日，护送陶行知灵柩去南京晓庄劳山安葬。

是年，主编《活教育理论与实施》一书，由立达图书服务社出版。

1947 年

1 月，《活教育》杂志在上海复刊。

是年，创办上海儿童福利促进会，以解决难童教养问题，任理事长；开办难童义务小学。

是年，在《教育杂志》撰文《战后中国的幼稚教育》；在《活教育》杂志发表《民众教育要怎样普及》《近百年来的大教育家陶行知》《中国儿童教育之路》等文章。

1948 年

7 月 21 日至 8 月 25 日，应联合国教科文组织邀请，代表中国参加在布拉格举办的国际儿童教育会议，担任儿童教育组组长。在会上发言，提出全世界儿童应发扬“四互”（互谅、互信、互尊、互助）精神，维护世界和平。

12 月，创办上海特殊儿童辅导院，任院长。辅导院为盲、聋哑、伤残、低能和问题等五种特殊儿童综合性教育机构。

是年，为中央大学教育系开设“幼稚教育”课。在上海广播电台播讲有关儿童教育问题十讲，讲稿汇编为《怎样做父母》一书，由华华书店出版。

1949 年

5 月，上海解放，被任命为国立幼专校务委员会主任委员。

接受南京市军管会文教委员会邀请，出任中央大学师范学院院长。

9 月,作为教育界代表,应邀出席中国人民政治协商会议第一届全体会议。

10 月,参加中华人民共和国开国大典。

被任命为中央人民政府政务院文化教育委员会委员。

1950 年

在南京发起成立中国幼稚教育社。

出席全国政协第一届第二次会议,在会上与曾昭森、巴金联合提交关于扫除文盲和成立中央教育科学研究所提案。

是年,《活教育》杂志自第六卷第七期更名为《新儿童教育》。发表《我们今后的方向》《怎样做人民的幼稚园教师》文章。

1951 年

8 月,应邀出席第一次全国初等教育及师范教育会议。

是年,在《新儿童教育》杂志发表《幼儿教育的新动向》一文。

1952 年

8 月,主动请求将私立鼓楼幼稚园交由南京市教育局接办,定名为南京市鼓楼幼儿园。

秋,全国大学院系调整,以南京大学师范学院、金陵女子文理学院有关系科为主体,与金陵大学、上海震旦大学、广州岭南大学部分系科及南京师专数理班等,合并筹建南京师范学院。任主任委员。12 月,被任命为南京师范学院院长兼幼教系主任。

1953 年

8 月,向华东教育部提出《南师设置教育研究室的计划》写道:"必须学习和吸取苏联的先进教育经验,但我们的民族特性和社会环境等与苏联有所不同,事实上不能把苏联的先进经验在我国的幼儿园直接应用。如何根据苏联的先进教育理论来改进我国幼儿教育的教材、教法和教具，实在是目前教育界需要迫切解决的问题。”

是年，在南京师范学院设立附属幼儿师范学校。

1955 年

10 月，出席第一届全国文字改革会议，参加主席团并在会上发言。与陈望道等联合提出《进一步推广横行排写方案》《建议早日拟定汉语拼音方案》；当选为中国文字改革委员会委员。

是年，在南京师范学院讲授“教育史”课程。

1956 年

7 月，在南京师范学院成立教育研究室，以幼儿教育研究为重点。在《南师校刊》发表《幼儿园应该进行识字教育吗？》，对《幼儿园暂行规程》（草案）规定“幼儿园不进行识字教育”提出不同看法，认为幼儿园大班儿童可以开始进行识字教育，并提出教材和教法。

1957 年

3 月，出席全国政协第二届第三次会议。在会上，与陆秀等联名提出《建议创办幼儿教育刊物〈学前教育〉案》；与郑晓沧等作“普及小学义务教育和提高小学教育质量的关键性问题”联合发言；与陆侃如等作“国民义务教育的年限应该如何规定”联合发言。

1958 年

12 月，被免去院长职务，调离南京师范学院。

1962 年

3 月，出席全国政协第三届第三次会议。与陆秀联名提出《建议普遍开展先学期教育，推广“婴儿之家”办法，充实教育内涵，提高教育效率案》。

1977 年

6 月 1 日，经历“文革”浩劫后，第一次来到鼓楼幼儿园与孩子们共庆国际儿童节。

1978 年

10 月，出席在南京召开的全国心理学会，并在会上发言，提出“要加强儿童心理研究，为振兴教育、适应新时期总任务需要服务。”

11 月，在给时任教育部幼教处处长回函中重申，鼓楼幼稚园的创办与以前教会办的和效仿西方式的幼稚园的不同，在于实验“中国化”。

1979 年

3 月，全国教育科学规划会议在北京召开，因病未能出席，作书面发言。在该次会议上，中国教育学会成立，陈鹤琴被推选为名誉会长。

出席全国政协第五届第二次会议，在会上提出发展幼教事业提案，内容包括：在各省市恢复或建立幼儿师范学校，以培养幼教师资；在高等师范学校恢复或设立实验幼儿园或实验小学，作为进行科学实验的场所；设立儿童玩具、教具、设备研究室和实验工厂。

11 月 3 日，出席在南京召开的全国幼儿教育研究会成立大会，被推选为名誉理事长。

1981 年

6 月，为《家庭教育》一书重版作序，写道：“儿童教育是整个教育的基础，关系到我们伟大祖国的命运”；“我虽然已九旬，但热爱儿童、热爱教育之心依然十分炽烈。”

10 月 18 日，《光明日报》刊载为纪念陶行知九十周年撰文《陶行知先生的精神鼓舞我前进》。在《行知研究》发表《纪念近百年来的大教育家》一文。

1982 年

6 月 1 日,坐轮椅与夫人前往鼓楼幼儿园,与小朋友一起欢度生命中最后一个儿童节。

应北京市教育科学研究所之请,为即将出版的《陈鹤琴教育文集》题词:“一切为儿童,一切为教育,一切为四化。”

12 月上旬,在寓所会见前往探视的好友潘菽、高觉敷,因已不能说话,用笔写下:“我爱儿童,儿童也爱我。”

12 月 30 日,在南京逝世。

《家庭教育》导读

柯小卫

1925 年儿童心理学家、儿童教育家陈鹤琴(1892—1982)的两本教育著作《儿童心理之研究》与姊妹著作《家庭教育》作为“东南大学教育科丛书”,由商务印书馆印行。前者是陈鹤琴根据对自己初生长子一鸣长达 808 天的连续观察、试验、记录、研究,采用外心理学研究方法,写作而成。后者是陈鹤琴继长子一鸣出生后又得一女,取名秀霞,继续自己的观察实验,总结归纳家庭教育的心得、方法。他曾写道:“我们知道幼稚期(自生至七岁)是人生最重要的一个时期,什么习惯、言语、技能、思想、态度、情绪都要在此打了一个基础。若基础打得不稳固,那健全的人格就不容易建造了。”①在《家庭教育》一书中,陈鹤琴将对三岁的儿子一鸣与刚出生的女儿秀霞的教育过程与心得记录下来,结合儿童心理学原理与儿童发育、成长规律,归纳、总结为 101 条教导原则,成为中国最早的现代儿童教育传世经典。这本书刚完成,教育家郑宗海阅读书稿后,不禁拍案称绝,感慨道:“我阅过之后,但觉珠玑满幅,美不胜收,有数处神乎其技,已臻乎艺术的范域。”教育家陶行知称这本书为“儿童幸福的源泉,也是父母幸福的源泉”。自 1925 年《家庭教育》一书问世至今,近一个世纪,该书多次再版,持续影响了几代读者。陈

① 见本书第 3 页。

鹤琴也被公认为中国现代家庭教育的开拓者与奠基人。

一、家庭教育是一门科学

陈鹤琴认为,儿童具有独立人格与自身价值,儿童心理与成人心理不同,应该爱护儿童在"儿童期"所具有的特有本能,爱护儿童的烂漫天真。他的观点很明确:儿童的各种本性本能与成人不一样,儿童不是成人的缩影,而具有独特的生理、心理特点。在儿童时期的教育中,不能使儿童"早熟",成为像许多成人一般,穿着"长衫马褂"的"小人"。同时,"儿童期"具有"可塑性"、"可教性",不同的教育观念与方法将导致不同的教育结果。

家庭教育是一门科学,家长应根据儿童不同的年龄阶段与心理特点,着眼于儿童身心的均衡发展与健全人格,对儿童进行适宜教育。他根据自己对儿童的观察、实验、研究,将儿童特点归纳为七项:(1)**"小孩子好游戏的"**,父母应重视儿童的动作发展与游戏。(2)**"小孩子好模仿的"**,成人、父母的言谈举止都可能对儿童造成影响,应该引起社会、家庭的普遍重视。(3)**"小孩子好奇的"**,对新鲜事物感到好奇是儿童获得知识的重要途径,成人应当予以爱护。(4)**"小孩子喜欢成功的"**,父母叫儿童做的事情应在儿童能力范围之内,不宜太难,以使儿童从小建立起成功感与自信力。(5)**"小孩子喜欢野外生活的"**,父母、教师应经常带领儿童到野外玩耍,一方面增长知识,一方面强健身体、培养乐观性格。(6)**"小孩子乐群的"**,需要同伴,父母可以将儿童送进幼儿园,培养儿童适应集体环境的能力;同时,经常带领儿童接触猫、狗、兔子等驯良的小动物,与它们做伴;还可以在家中购置一些布娃娃之类的玩具。(7)“**小孩子喜欢称赞的**”,父母教育儿童时可以适当利用这一特点,使儿童感受到欣赏与鼓励。《家庭教育》全书贯穿两条鲜明主线,“怎样做父母”与“怎样教小孩”。在他看来,家庭教育不仅是伦理、责任,也是“科学”、“艺术”。陈鹤琴认为,儿童教育的根本问题有两方面:一方面是儿童的健康与发育,包括(1)心理的健康与发育,(2)生理的健康和发育(注意饮食,改良服装,要有儿童游戏设施),(3)服务的习惯(不自私,帮助人家,守秩序);一方面是父母教育与儿童教育。

二、教育环境的重要性

儿童从小受到的刺激是儿童一生做人的基础。刺激来自环境,好的刺激就得到好的印象,坏的刺激就得到坏的印象;环境是影响儿童成长最重要的教育因素。他写道:“凡是可以给小孩子刺激的,都是他的环境,一切物质是他的环境,人也是他的环境,而且人的环境,比较物的环境还要重要。”[①]陈鹤琴所指“人的环境”,首先是“父母的环境”。父母对于外界事物的态度与观念对于儿童的审美取向、价值标准产生直接影响。他指出:“小孩子既好模仿,做父母的一方面要以身作则,一方面还要替他选择环境以支配他的模仿。”[②]比如,儿童看见父亲随地吐痰,他也要模仿着吐吐看;儿童

① 《家庭教育》,《陈鹤琴全集》第二卷,江苏教育出版社2008年版,第512页。
② 见本书第31页。

听到母亲与他人争吵、恶言相讥或大声说话，他也会受到影响逐渐养成类似的待人方式；反之，父亲的勤奋、敬业、智慧、做事条理与母亲的善良、温柔、耐心、持家等良好性格、道德、生活方式、待人态度等都会对儿童在性格、生活态度、生活能力的形成过程产生潜移默化的影响，从而使儿童得以生活在良好的家庭环境中，并在未来成长过程中逐步实现父母对于儿童所寄予的各种期待。同时，父母应为儿童选择适宜的生活环境，如儿童游艺场、儿童运动场、动物园、花圃、科学馆、儿童艺术与阅览室等环境，使儿童从小生活在良好的教育环境之中，受到熏陶，培养兴趣，激发与展现才华。他提出，成人、父母应为儿童营造良好的教育环境，包括：游戏的环境、劳动的环境、科学的环境、艺术的环境（音乐的环境、图画的环境、审美的环境）和阅读的环境。

陈鹤琴写道：

墨子见染丝者而叹曰："染于苍则苍，染于黄则黄，所入者变，其色亦变，五入必而已，则为五色矣。故染不可不慎也。"（《墨子·所染篇》）不独丝是这样，就是小孩子也是这样的。小孩子在未受教育以前，好比是一索素丝，受了教育以后，好像一索素丝已经着了颜色。学得好就好，学得不好就不好。等到学得不好，以后做父母的即使要去教他好，也是很不容易的。①

① 见本书第141页。

三、从小教起，从小教好

在陈鹤琴看来，在家庭教育中，培养良好习惯最重要。习惯养得好，终身受其用；习惯养得不好，终身受其累。在现实中，许多成年人在性格、道德、审美、生活方式、待人态度、与人沟通方式等方面存在的缺陷，很大程度上与幼年或少年时期的教育环境、方式因素有关。

陈鹤琴告诫年轻父母们，要使小孩子养成良好的习惯，因为“养成好习惯难，养成坏习惯易”；“小孩子开始学习的时候，做父母的要格外留心以免错误。无论什么事，第一次做得好，第二次就容易做得好；第一次做错，第二次就容易做错”；“要打破一个坏习惯的时候，留心不要养成一个新的坏习惯”并形成“第二天性”。不但要从小教起，而且要从小教好。父母培养儿童养成良好生活习惯应从卫生习惯上入手，如儿童早起穿衣、洗漱、便溺、饮食等。父母采取的教养观念及方法对于儿童的心理、身体、行为等产生潜移默化影响。他认为，儿童身上的坏毛病，在很大程度上是由父母养成的。如儿童撒谎的毛病经常源于父母为了达到某种目的对儿童的哄骗；或是母亲、父亲采取谎言、欺骗的待人接物的方式对儿童产生的影响。他举例，某日有一位儿童正在楼上听母亲讲故事，这时楼下有人叩门，母亲听到后对儿子说：“知行你下去看看，若叩门的是某某夫人，你就说妈妈不在家。如果她问妈妈几时回来，你就说不晓得。”儿童下楼去，照着母亲吩咐回答客人，客人离开了。又有一日，这个儿童的母亲在客厅里接待客人，态度非常殷勤，请客人上座、用茶,说了许多恭维话,天花乱坠。客人临走时,再三挽留。然而,客人离开后,母亲就在知行面前做出不耐烦的样子,举了臂,白了眼,仰了头,张了口,长叹一声:“讨厌呀!讨厌呀!”对此,陈鹤琴分析,在第一个例子中,母亲实际上在教唆儿童说谎话;第二个例子,儿童受到了母亲言行不一、言不由衷的暗示。这些都是儿童养成说谎作伪习惯的原因。在对待儿童“作恶”时,父母亲采取“溺爱”与“纵容”态度或恐吓、打骂,都不利于儿童身心成长。在培养、教育儿童过程中,父母能否以身作则起着至关重要的作用,父母的生活观念、生活方式、待人接物的态度、做事方法、言谈举止、兴趣爱好等对于儿童的性格、情感、审美、生活态度等产生潜移默化的影响。同时,不同父母采取不同教育方式,取得不同教育效果,使儿童发展路径各不相同。因此,儿童教育的根本是父母教育。

四、父母怎样教孩子

陈鹤琴被誉为“永远微笑的教育家”,他提出,成人、父母应该树立正确的儿童观、教育观,了解儿童、尊重儿童、热爱儿童,“一切为儿童”。在教育儿童方式上,他坚持主张,以慈爱关怀代替粗暴干涉;以积极鼓励代替消极制裁。有一次,陈鹤琴看到儿子一鸣拿着一块破烂的棉絮裹着身体当做毡毯玩弄,他就上前告诉儿子:“这块毯子不干净、有气味,你去房间里找妈妈拿一块干净的。”儿子听后很高兴地将手中的棉絮放下,跑进房间找妈妈去了。如果父母采取强硬方式,将棉絮从儿童手中抢下来,甚至恐吓、打、骂,结果会是儿童不但没有改过,反而产生怨恨情绪或不以为然,父母的其他教训也渐渐失效。

陈鹤琴强调,儿童应从小学习待人接物,培养适应社会生活的能力与基本情感,包括应有的道德、秩序感、社会规范等。父母应该在日常生活中训练儿童从小养成“爱人”的精神,因为“小时候如有爱人的精神,将来才能够爱社会、爱国家”。父母应从小使儿童养成的几种优良观念:(1)顾虑到别人安宁;(2)同情心;(3)整洁;(4)彬彬有礼;(5)不娇惯、不傲慢;(6)不撒谎、不作伪;(7)不打人;(8)在家里帮父母做事情;(9)爱人。陈鹤琴家里养了一只小猫,儿子一鸣喜欢拉扯猫耳朵取乐,陈鹤琴见状后模仿小猫各种痛苦表情,暗示一鸣应该爱惜、怜悯小动物。他主张,儿童应当与动物做伴侣:狗、猫、兔子,种种动物,是儿童很好的玩物,也是儿童很好的伴侣。儿童有了这种伴侣,一方面可以发展他的同情心,一方面可以学得动物的性情,并且可以使他不寂寞。

陈鹤琴反对父母对儿童“溺爱”,包括“不准小孩子对待保姆有傲慢的态度”、“禁止小孩子作伪”、“不准小孩子打人”、“小孩子在家里应当帮助他的父母做点事体”。当儿童做错事情的时候,父母的态度应是“重责其事,轻则其人”,“诱导比恐吓、哄骗、打骂都来得好”。“小孩子玩好东西以后,应当立刻整理好放在原处”,其目的是使儿童养成齐整、有序的良好习惯,克服“己逸人劳”观念。当儿童弄坏东西,父母去责罚时并不是因为可惜东西,而是要改正其行为。父母不应当以“一己之喜怒”对儿童呼来唤去;也不应为博得儿童欢心将责任推诿他人,而应了解事情原委,平心静气地对儿童进行教育,尤其“不应在别人面前责罚小孩子”。要保护儿童的人格、身体、名誉、情感。

五、儿童智力发展特点与学习过程

陈鹤琴认为，影响儿童智力发展的因素，一是遗传天赋，二是环境刺激，包括教育（学习）过程，前者只能作为基础，后者在儿童智力发展过程中起主导作用。儿童是学习的主体，“学习就是先感觉外界的刺激，后把所感觉的事物与所有的感觉联合起来，再发生相当的动作去反应外界的刺激”。[①] 儿童的学习始于活动，儿童通过大量活动，与外界更多接触，获取充分直接经验是学习过程的开始。父母应当经常带领儿童到街上去看一看，利用儿童的好奇心、好问心启发儿童学习动机；一方面父母可以放手，为儿童提供独立完成工作的机会，“凡小孩子能够做的事情，你千万不要替他代做”；不应当禁止儿童去探试物质；要打消儿童的惧怕心理。同时，父母要考虑到儿童做事的难度，是否在其能力范围之内，“叫小孩子做事，不宜太易，也不宜太难，需在他的能力以内而非用力不可的”。

一鸣小的时候，陈鹤琴几乎天天抱着儿子到街上走一走、看一看。一鸣最喜欢看路上的行人与过往的马车，每到上街的时候，总是显得非常兴奋。除此之外，一鸣还对街道弄堂里、集市上诸如驴子磨豆、机匠织布、卖衣服、卖菜、炸油条、做烧饼，或武术、拳击表演、杂耍把戏等景物兴趣浓厚。陈鹤琴认为，通常来说，缺乏见识与经验的人是不会有所作为的，“做人”也不会成功。因此，做父母

---

① 见本书第 21 页。

的应当经常带儿童到街上去看看，以丰富、增进儿童的知识与经验。一鸣喜欢敲钉子，父亲就提供小锤子、钉子等物什，使他能敲钉；一鸣喜欢剪纸，父亲就指导儿子剪成鸟兽人物形象。陈鹤琴写道："小孩子不玩雪，则不知道雪是冷的，雪是遇热而融化的；不玩沙石，则不知道沙石是硬的；不剪纸，不敲钉，则不知道钉和纸的性质，锤和剪的用法。所以小孩子试验物质可以得到许多经验，长进许多智识。"①陈鹤琴倡导，父母应根据儿童的年龄知识而予以适当的做事动机，并为儿童提供各种游戏机会，包括玩水、玩沙、玩泥、浇花、剪纸、劳作等，满足儿童各方面需要，激发儿童游戏与"做"的动机，爱护儿童的"好奇心""好问心""想象力"与"创造力"。父母对于儿童应能做到"有问必答"，满足儿童"求知欲"；同时教会儿童掌握学习方法，取得开启"学问"之门的"钥匙"，可谓"处处有学问，人人皆吾师"。在儿童学习或做事的时候，父母应给予"积极的鼓励"；同时"凡小孩子能够自己做的事情，你千万不要替他代做"，以此增强儿童自信心，可以将学习或事情持续地进行下去并完成。然而，对儿童的鼓励不可"用得太滥"，成人不应以一已之怒来支配儿童的动作，也不应以成人的标准来评价儿童的工作，因为儿童毕竟是儿童。

陈鹤琴提出父母应注重培养儿童从小养成四项学习原则：(一)培养小孩子健康的身体；(二)锻炼小孩子坚强的意志；(三)培养小孩子科学的态度；(四)教导小孩子正确的方法。②

① 见本书第188页。

② 参见《怎样做父母》(1948年)，《陈鹤琴全集》第二卷，江苏教育出版社2008年版，第688—689页。

六、现在的儿童就是未来的主人

陈鹤琴等中国老一代现代教育家认为，儿童教育与家庭教育的根本性质与目标，应该超越儿童个体的发育、成长与父母“望子成龙”“望女成凤”期待的实现等狭隘境界，而是将眼光扩延至社会与人类进步的宏伟理想，树立儿童是未来“公民”与社会基础的观念，注重儿童“健全人格”“生活力”与“社会性”培养，以及在此基础上而产生、发展的服务精神、合作态度、建设与创造能力等“现代人”应具有的素质，凝聚成为推动社会进步、民族复兴的每一分力量与照耀他人、照耀世界的光芒。他们深知旧中国的孱弱、落后的重要原因之一在于“人”的培养，而“封闭”“强迫”与“灌输式”的“死教育”“恶劣教育”，以成人与社会、伦理需要忽视、取代儿童的“生长过程”与“生活”，从而扼杀了儿童原本“生机勃勃”的活力。陈鹤琴写道：

> 不过对于如花含苞、如草初萌的小孩子，我们应当用很好的教育方法去教育他，使他关于体德智三育都从小好好学起，那么老大的中国，未尝不可以一变而为少年的国家？不过少年中国的责任，固属诸今日之儿童，而造成少年中国的责任固属今日之父母，做父母的能够教育小孩子，而小孩子能够从小学好，则少年中国，即在其中了。做父母的！做小孩子的！大

家努力！大家努力！幸勿失之交臂！①

热爱了解和研究儿童，

教育他们使之胜过前人。

2018年10月19日于北京

① 见本书第142页。